JN234577

ファイナンス・ライブラリー 2

金融リスクの計量分析

小田信之 著

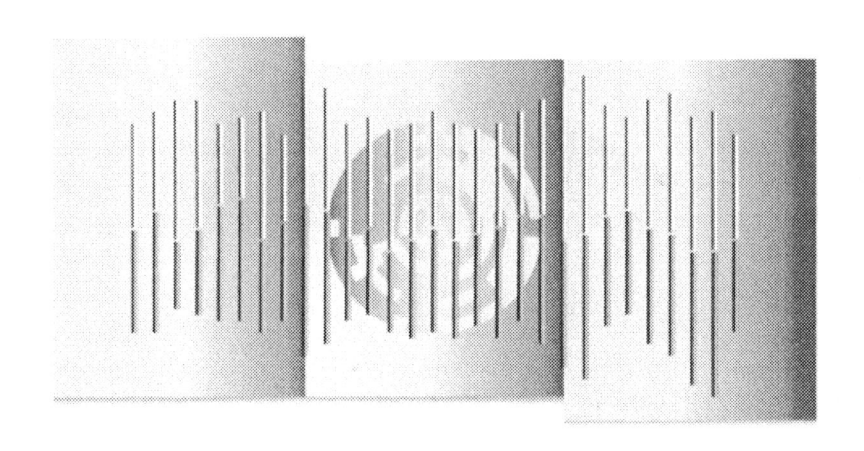

朝倉書店

はしがき

　本書は，金融取引に付随するリスクを計量的に分析する方法を解説する．金融ビジネスを遂行する上では多様なリスクに直面するが，本書では特に，マーケット・リスク（第1章）と信用リスク（第2章）に主たる焦点を当てる．また，市場流動性リスクについても，第1章でマーケット・リスクを解説する中で取り上げる．これらのリスクを客観的に数値化するためのアプローチとしては，バリュー・アット・リスク（Value at Risk, 以下 VaR）に焦点を当て，実際の応用・分析例や実務上の留意点などを重視しながら説明を進める．このほか第3章では，客観的リスク指標の計量から視点を移し，リスク予測の方法に関連したテーマを取り上げる．すなわち，デリバティブズの市場価格に含まれる情報に基づき，将来の市場価格動向がどのように予想されるかを確率分布として導出する方法を解説する．

　本書は，序章に続き，前述の大きな3つの章から構成されている．各章の内容は，相互に関連しているものの，単独でも読めるように配慮してあるので，関心に応じた順序で読み進んでいただき差し支えない．対象となる読者層としては，まず，入門レベルのリスク計量の知識を備えた金融実務家や学生諸氏を挙げられる．本書を通読すれば，教科書的な世界から一歩踏み出して，リスク計量の現実について理解が進むものと期待する．また，既にリスク計量の実務・研究に携わっている専門家の諸氏には，各章における基礎的なパートを読み飛ばし，テクニカルな解説や実際の応用例を記述した箇所に焦点を絞って読んでいただければ幸いである．

　本書が主題とする金融リスクの計量分析に関しては，1990年代以降，多数の優れた論文や解説書が出版されている．それにもかかわらず，今ここに本書を送り出す理由を説明しておかねばなるまい．筆者が以前米国のビジネススクールに学んだ時の教訓に照らせば，本書に何らかの競争優位性がない限り，出

版の価値が見いだされないからである．

　この問いへの間接的な回答として，本書が完成に至った経緯に言及させていただきたい．筆者は，勤務先の日本銀行の金融研究所に約7年前に金融工学（フィナンシャル・エンジニアリング）の専門研究チームが設立された時に金融リスクやデリバティブズの調査・研究を開始し，以後各種のペーパーを作成する機会を得た．その間常に心がけてきたことのひとつは，実際にリスク計量に携わっていない行内の読者にも誤解を与えない説明を行うことである．ただし，そのために厳密さを犠牲にしたり説明の水準を落とすわけにはいかない．日本銀行内には，銀行の最先端技術に直結した政策企画や調査に携わる者がいるので，いかに専門的な技術であっても体系的にエッセンスを伝えなくてはならないからである．そうした葛藤の中で研究を続けた成果が，本書の土台となっている．したがって，本書の特色を端的に言えば，現実離れした理論書ではなく，また理論を捨象した実務書でもなく，リスク計量に直面する者が修得すべき知識を理論・実務のバランスをとって整理した解説書兼研究書，ということになろう．

　ところで，リスク計量で利用する数学や統計のテクニックには，近年注目を集めているデリバティブズ（派生商品取引）の扱いに要求されるテクニックと重複する部分が少なくない．例えば，日本銀行の上記専門チームでは両分野を視野に入れて研究が行われてきたし，本書の中でも度々デリバティブズについて言及がなされる．筆者は当初，本書の中にリスク計量とデリバティブズの両方の内容を盛り込もうと考えたほどだが，議論の焦点を絞るため，最終的にリスク計量の問題に特化した．一方，本書と同様の目的意識から，デリバティブズについてまとめた姉妹書（『金融デリバティブズ』）を別刊とし，本書の中でも必要に応じて参照する形式とした．

　このように，本書の主題はリスクを定量的に評価・分析するための方法論であると位置づけられるが，誤解を招かないように注意しておきたいのは，金融のリスク管理とは，リスクの計測に限定されるのではなく，組織行動論や企業戦略論などに広くまたがる多面的な問題であるということである．リスクの計量は，リスク管理の必要条件であっても十分条件ではない．ただ，リスク計量がリスク管理の中に占める位置が，一昔前に比べて格段に重要になってきてい

るのは確かである．その背景には，ハード・ソフトの両面で計算技術が急速に進歩し，実際に役に立つ計量が可能になったこともある．また，マーケット・リスクに代表されるように，リスクが短期間で急激に変化するようになったこともある．したがって，リスク計量に付随する限界や留意点をしっかり認識しながら，目的に合致したリスク分析を実行し，最終的な経営判断に活用していくという姿勢が何よりも重要である．本書が，そうしたプロセスを実現する上で必要な知識を提供する役割を多少なりとも果たすことができれば，筆者にとって幸いである．

本書が完成するまでには，実に多くの方々のお世話になった．前述のように，日本銀行の金融研究所にフィナンシャル・エンジニアリングの専門チームが設立され，そこで筆者が長らく研究業務に携わってこられた背後には，職場内外から頂戴した多大なご指導がある．もちろん，本書は，日本銀行での研究成果を出発点としつつも大幅な加筆・修正を施しており，文中の見解およびありうべき誤りは，すべて筆者である小田信之個人に帰属するものであって，日本銀行や同金融研究所の公式見解ではない．ただ，そうは言っても，これまでの充実した研究環境がなかったならば本書が生まれえなかったのは事実である．したがって，本来であれば，研究業務の過程でお世話になったすべての方々の名前を挙げて感謝の気持ちを伝えたいところであるが，紙面の都合もあり，残念ながらそれはかなわない．ただし，本書の執筆に賛成し励まして下さった翁 邦雄金融研究所長，本書の執筆を強く奨めて下さった慶應義塾大学総合政策学部の森平爽一郎教授と朝倉書店編集部の方々には謝辞を述べないわけにいかない．また，本書の基礎となった研究には，日本銀行の同僚である久田祥史氏，村永 淳氏，山井康浩氏，吉羽要直氏と共同で進めたものが含まれている．それらを出発点として本書の一部を作成することをご快諾いただいたことに感謝申し上げたい．

最後に，私事になるが，自宅における執筆に協力してくれた妻 智子と三人の子供，裕樹，晴美，千晶に感謝するとともに，長年にわたって筆者を育んでくれた両親に本書を捧げたい．

　　2001年2月

　　　　　　　　　　　　　　　　　　　　　　　　　　　　　　小田信之

目　次

0. 金融リスクとその管理 ……………………………………………… 1
　0.1 金融リスクの概念 …………………………………………………… 1
　0.2 金融リスクの種類 …………………………………………………… 2
　0.3 リスク管理とは ……………………………………………………… 4
　参 考 文 献 ……………………………………………………………… 6

1. マーケット・リスク ………………………………………………… 7
　1.1 マーケット・リスクの分析方法 …………………………………… 8
　　1.1.1 感応度分析 ……………………………………………………… 8
　　1.1.2 バリュー・アット・リスク（VaR）…………………………… 9
　　1.1.3 シナリオ分析，ストレステスト ……………………………… 9
　1.2 バリュー・アット・リスクの考え方 ……………………………… 11
　　1.2.1 バリュー・アット・リスクの基本：分散・共分散法 ……… 12
　　1.2.2 バリュー・アット・リスクの活用 …………………………… 19
　1.3 オプション取引などに伴う非線形なマーケット・リスクの計量 …… 20
　　1.3.1 各種計算の方法論と特徴点 …………………………………… 21
　　1.3.2 テスト・ポートフォリオを利用したリスク量の比較分析 …… 33
　　1.3.3 新たな計量アプローチ ………………………………………… 44
　1.4 流動性リスクを考慮したマーケット・リスクの計量 …………… 47
　　1.4.1 修正 VaR 計量の枠組み ……………………………………… 48
　　1.4.2 スブラマニアン–ジャロー・モデル（SJ モデル）…………… 51
　　1.4.3 ローレンス–ロビンソン・モデル（LR モデル）…………… 54
　1.5 終 わ り に ………………………………………………………… 59
　参 考 文 献 ……………………………………………………………… 59

2. 信用リスク ……………………………………………………… 62
2.1 信用リスクの概念整理と計量アプローチ…………………… 63
- 2.1.1 信用リスクの概念整理……………………………… 63
- 2.1.2 信用リスクの各種計量……………………………… 70
- 2.1.3 予想デフォルト確率の計量アプローチ…………… 72

2.2 信用リスクとマーケット・リスクの統合的計量1：試作モデルによる計量方法の分析………………………… 76
- 2.2.1 ExVaR の定義……………………………………… 77
- 2.2.2 ExVaR モデルにおける諸設定 …………………… 81
- 2.2.3 ExVaR モデルの具体的仕様 ……………………… 86

2.3 信用リスクとマーケット・リスクの統合的計量2：試作モデルによる各種ポートフォリオのリスク量算定…… 95
- 2.3.1 オン・オフバランス取引を統合したリスク評価および流動性の効果………………………………………… 95
- 2.3.2 与信先の分散・集中の効果………………………… 98
- 2.3.3 信用リスクとマーケット・リスクの統合・分離 …101
- 2.3.4 担保の効果 …………………………………………104

2.4 計量された信用リスクの活用方法 ……………………………106
- 2.4.1 計量された信用リスクの活用に関する概念整理 …106
- 2.4.2 活用例1：信用リスクを反映した所要スプレッドの理論的算出 …109
- 2.4.3 活用例2：日本のバブル期の信用リスクを事前に知りえたか？～シナリオ分析とストレステスト ………………111

2.5 金融実務における信用 VaR の利用実態 ……………………116
- 2.5.1 モデルのバリエーション …………………………117
- 2.5.2 モデルの限界と注意点 ……………………………119

2.6 終 わ り に …………………………………………………122

付　表 …………………………………………………………124

2.A 補論：PROBIT モデルを利用した倒産予測モデルの構築手順 ……128
- 2.A.1 PROBIT モデルの概要 ……………………………128
- 2.A.2 財務データによる簡単な分析 ……………………130

2.A.3　サンプル企業の推定倒産確率と分散・共分散行列の算出 ……132
　　2.A.4　考　　察 ………………………………………………………133
　参 考 文 献 ……………………………………………………………………136

3. デリバティブズ価格に基づく市場分析とリスク管理 ……………138
　3.1　デリバティブズ価格と市場分析 …………………………………138
　3.2　デリバティブズの市場価格などから導出可能な情報 …………140
　　3.2.1　デリバティブズ商品価格に含まれる市場情報の導出方法 ……140
　　3.2.2　予測力に関する実証報告 ………………………………………151
　　3.2.3　デリバティブズ商品の市場情報活用に関するその他の論点 …154
　3.3　オプション取引の価格情報を利用した原資産価格の確率分布
　　　　の導出 ……………………………………………………………156
　　3.3.1　各種計算方法 ……………………………………………………156
　　3.3.2　より高度な分析方法 ……………………………………………161
　3.4　分析例：日経平均株価オプションの価格情報の利用 …………164
　　3.4.1　行使価格別のオプション価格データを円滑に連続化
　　　　　　した上，ノンパラメトリックな確率分布を形成する方法 ……165
　　3.4.2　対数正規分布からのずれを歪度・尖度の算出により評価
　　　　　　する方法 …………………………………………………………170
　　3.4.3　現実的な分析方法の選択と今後の課題 ………………………172
　3.5　終 わ り に …………………………………………………………173
　参 考 文 献 ……………………………………………………………………173

索　　引 …………………………………………………………………………177

0

金融リスクとその管理

　本書の主題は，金融取引に伴うリスクを計量分析する方法を解説することである．特にマーケット・リスクと信用リスクを重点的に取り上げ，技術的な解説を行う．その事前準備として，この序章では，0.1 節で金融リスクについての定義を明らかにし，0.2 節でリスクの源泉に応じた分類・整理を行った上で，0.3 節で金融機関におけるリスク管理がどのような組織体系の中で運営されているのか，簡単な基礎知識を整理しておく．これらは，文字どおり基礎的なイントロダクションとして位置づけられる内容である．

0.1 金融リスクの概念

　リスクという用語にはいろいろな定義づけが可能であるが，ここでは，金融ビジネスを遂行することに付随して発生するリスクについて，ひとつの定義を与えておこう．すなわち，リスクとは，「保有している金融資産（負債）の価値が，予測不可能な将来の出来事（例えば大規模なマーケット変動）の結果として，現在の価値から大きく減少（増加）してしまう可能性」と考えることができる．図 0.1 は，仮想的に時価評価ベースでみたバランスシートの概念図であり，このリスクの定義を直観的に理解することができる．すなわち，資産が減少ないし負債が増加すれば，それに見合って自己資本が毀損され，最悪の場合債務超過に陥り経営破綻に至る可能性があることがわかる．その意味で，自己資本は，リスクから経営体を守るバッファーとして機能する．したがって，金融機関の健全な経営を維持する上では，上で定義したリスクを何らかの方法で計量し，それが現在の自己資本の大きさに比べて過大でないかどうかをチェックする必要がある．

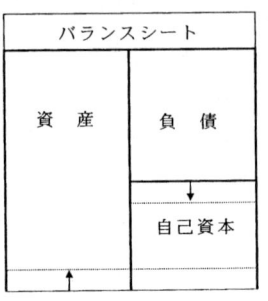

図 0.1 リスクに対するバッファーとしての自己資本

0.2 金融リスクの種類

金融ビジネスに取り組む経営体にとって，リスクとは具体的にどのようなものであろうか．何が原因で，将来的に資産価値が減少[*1]するのだろうか．リスクの源泉という視点から分類を行うと，例えば次の6通りに整理することができる．

（1）マーケット・リスク

金利・債券価格，為替レート，株価（株価指数や個別株式価格），コモディティ価格などのマーケット価格に応じて価値が決まるような資産については，そのマーケット価格が不利な方向に変化することによって資産価値が減少する可能性がある．

（2）信用リスク

取引相手に信用供与を行っている（資金を貸与している）場合，その相手がデフォルトする（債務不履行を起こす）ことによって当初の計画どおりに返済がなされなくなる可能性がある．また，実際にデフォルトを起こさなくても，取引相手の経営状態が悪化して，将来のデフォルト発生の可能性が高まったとの認識が市場で生まれれば，与信資産の市場価値が減少する．

[*1] 資産価値の減少と負債価値の増大はいずれも同様にリスクの発生を意味するが，本書では以下，説明を簡単にするために，便宜的に資産価値の減少だけに着目してリスク計量を解説する．リスク計量の方法論は，まったく同様に負債価値に対しても適用可能であることに注意しておこう．

(3) 流動性リスク（市場流動性リスク）

金融商品を売買するとき，その市場に厚みがないと，自分の売買行為そのものが不利な価格変動を引き起こす（マーケット・インパクト）ことがある．また，市場に何らかのショックが発生した場合，不利な価格変動どころか，まったく売買が成立しなくなり，その間に急激に価格が低下する可能性もある．

(4) 資金繰りリスク（アベイラビリティ・リスク）

金融機関の資金調達が量的に行き詰まったり，あるいは計画外の資金調達を余儀なくされることによって，高利での調達負担を負わざるをえなくなる可能性がある．

なお，(3)および(4)はともに流動性リスクと呼称される場合がある．両者の内容は互いに異なることから，いずれを意味するのか明らかにしておくことが重要である．本書では，(4)のリスクは扱わないため，流動性リスクと呼ぶときには常に(3)の市場流動性リスクを意味する．

(5) オペレーショナル・リスク

金融実務における種々の事務手続きにおいて，何らかの理由からミスが起こると，予期せぬ経済コストの負担につながる可能性がある．例えば，意図的な詐欺行為がおこる場合もあるし，入力ミスなどの単純な失敗が大きな損害に発展する可能性もある．

(6) その他のリスク

上記のほかにも，様々なリスクがありうる．例えば，金融契約上の法的構成が曖昧であったために，取引相手と認識のギャップが発生し，最終的に自分に不利な法的判定が下されてしまうリスク（リーガル・リスク）や，何らかの事情から金融機関の信頼が損なわれる結果として顧客基盤が崩れ，将来の得べかりし利益を失う可能性（レピュテーション・リスク）などを挙げられる．

これらのリスクのうち，(1)のマーケット・リスクや(2)の信用リスクは，実際に金融機関の中で計量が行われているリスクである．そうした計量の歴史は必ずしも古くなく，むしろ近年急速に発展してきた分野であるから，本書においても，それぞれ第1章と第2章で詳しく解説を行う．一方，(3)や(4)のリスクについては，計量に向けた研究は種々なされているものの，なお，確立された方法論は存在しない．しかし，ともに極めて重要な問題である

ことは論を待たないであろう．本書では，（3）の流動性リスクについて，1.4 節で検討を行う．また，（5）や（6）のリスクについては，計量アプローチを適用することがそもそも望ましいのかどうかについてさえ議論の余地があるが，一部の金融機関などでは，計量の可能性を探るリサーチがなされている．特に（5）のオペレーショナル・リスクについては，過去に顕現化したリスクの属性を詳細に分析した上で統計的に将来のリスク発生可能性や損失規模などを評価する枠組みについて，いくつかの提案が見られる（例えば，Laycock (1998) や Ong (1998) を参照）．ただし，本書では，（5）と（6）について具体的な解説には踏み込まない．

0.3 リスク管理とは

マーケット・リスクと信用リスクを念頭に置いて，金融機関の中でどのようなリスク管理がとられているのか概観してみよう[*2)]．金融機関の中の組織構成に着目して，i) フロント・オフィス，ii) ミドル・オフィス，iii) バック・オフィス別に，リスク管理の目的を簡単にまとめると次のとおりである．

i) フロント・オフィスにおけるリスク管理

フロント・オフィスは，金融機関の中で実際に金融商品の売買を行う最前線の部署である．扱う金融商品のカテゴリーに応じて，複数のフロント・オフィスがあるが，それらに共通したリスク管理の目標を例示すると次のとおりである．

- 個々の金融商品を正確にプライシングし，的確な損益評価を行うこと．
- 個々の金融商品およびポートフォリオについて，リスク・ヘッジを的確に行うこと．
- トレーダーや金融商品ごとにリスク限度枠（リスク・リミット）を設定することによって，過度なリスクを回避すること．
- 個々の商品やポートフォリオについて，収益評価・管理を正確に行い，売

[*2)] 本書では，主としてリスクの計量分析に焦点を当てるため，リスク管理の全体像や総論的内容は，ここで簡単に触れるだけである．この点について深く理解するための解説文献は多数あるが，ここでは一例として，Goldman Sachs and SBC Warburg Dillon Read (1998) を挙げておく．

買戦略策定上の有益な情報を得ること．

これらを遂行する上で基本となるプライシングおよびリスク・ヘッジの方法については，本書の姉妹書『金融デリバティブズ』で詳説している．また，フロント・オフィスではリスク管理を行いつつ利益を獲得することが目的とされるが，そのためには，高度な市場予測技術などが重要になる．この点の関連では，第3章において，特にデリバティブズの市場価格情報を利用して将来の市場動向を予測する方法論について解説する．

ii) ミドル・オフィスにおけるリスク管理

ミドル・オフィスは，複数のフロント・オフィスにおけるリスクを全社的な視点から総合的に把握して，経営者に報告する責任を負う．個々のフロント・オフィスは各々の専門領域で特定のリスクをとってビジネスを行っているが，その結果として，金融機関全体では，多様なリスクが連関性を持ちながら複雑に存在することになる．それらの各種リスクを全体として評価する目的は，次のとおりである．

- VaRによって評価した全社ベースのリスクが，自己資本と比べて適正な水準であるかどうかチェックすること．
- 経営者が各フロント・オフィスに対しての資本配分（リスク・テイクの裏づけとなる自己資本を割り当てること）を決定する上での判断材料を提供すること．特に，リスク対比でみたパフォーマンス評価が鍵となる．
- 市場で予期せぬ事態が発生した場合に，金融機関全体の経営にどのような影響が及ぶかを分析すること（ストレステスト）．

これらの一連の作業のベースになるのは，VaRというリスク評価指標である．その基本的考え方は1.2節で解説し，さらに本書の第1章と第2章を通じて，VaRを基盤としたリスク計量の実際について詳説する．

iii) バック・オフィスにおけるリスク管理

バック・オフィスは，フロント・オフィスで売買がなされた取引の事務処理を行う部署である．したがって，取引そのものに内在するリスクを管理するのではなく，正確な事務処理を実現できる組織体制の確保によって，オペレーショナル・リスクをできる限り抑制することに重点が置かれる．

参 考 文 献

Laycock, M., "Analysis of Mishandling Losses and Processing Errors." *Operational Risk and Financial Institutions*, London : Risk Books, 1998, pp.131-145.

Ong, M. K., "On the Quantification of Operational Risk." *Operational Risk and Financial Institutions*, London : Risk Books, 1998, pp.181-184.

Goldman Sachs and SBC Warburg Dillon Read, The Practice of Risk Management : Implementing Processes for Managing Firmwide Market Risk, Euromoney Books, 1998.

1

マーケット・リスク

　第1章では，金融リスクの計量分析全般への導入として最適な，マーケット・リスクに関する解説を行う．一般に，すべての金融資産は何らかのマーケット・リスクにさらされているが（例えば，割引金利が変化すればすべての資産価値が変化する），第1章で念頭に置くのは，トレーディング目的で保有されている金融資産についてのマーケット・リスクである．トレーディング勘定に属する資産については，時価評価が前提とされていることもあり，リスク計量に馴染みやすいので，ここから出発するのがよいと考える．一方，トレーディング勘定以外の投資資産（銀行でいえば，バンキング勘定）に対してもマーケット・リスクを計量可能であるし，そうすべきだと思われるが，この点について第1章では具体的には言及しない．第2章で信用リスクの計量を論ずる際に，同時に金利リスクも計量することを試みるが，それはバンキング勘定のマーケット・リスク計量の一例にほかならないので，後ほど参考にしていただきたい．

　本章では，前段で基礎的事項を説明した後，後段でより進んだ問題を検討する．具体的には，1.1節で各種のマーケット・リスク分析方法を整理した後，1.2節で特にマーケット・リスクを対象としてバリュー・アット・リスク（以下，VaR）の方法論を平易に解説する．ここまでは，リスク計量の初歩的な知識を簡潔にまとめたものである．これらの知識を踏まえ，1.3節では，扱いが複雑な非線形リスクの計量方法を詳細に検討する．そこでは，方法論の解説だけでなく，計算事例を示しながら実務上の注意点なども考察する．また，極値論（EVT）や条件付きVaR（CVaR）といった新しいアプローチについても言及する．さらに1.4節では，市場流動性の効果を勘案しつつマーケット・リスクを計量する方法論を整理する．この分野は，標準的なVaR分析で捉え

られないマーケット・インパクトの効果などを勘案して，よりよいリスク計量を模索しようという試行的な内容である．

1.3節や1.4節を読むと，1.1節や1.2節でみた教科書的な理論に対する限界や注意点などが浮かび上がることになろう．ただ，それは，VaRが役に立たないことを意味するのではない．リスク計量の分野では，唯一完全な方法論が存在するわけではなく，どのような方法にも何らかの限界が存在する．それを明確に認識した上で，実務に適用することが重要なのである．そうした実務的感覚を磨くためにも，本章では，理論と具体例を織り交ぜながら解説を進めていく．

1.1 マーケット・リスクの分析方法

序章でも言及したが，基本的なマーケット価格が変動した場合に，管理対象の金融資産の価値が変動（リスクという意味では下落）する可能性をマーケット・リスクと呼ぶ．ここで基本的なマーケット価格とは，金利・債券価格，為替レート，株価，コモディティ価格などが含まれる．金利については，各期間ごとの金利の期間構造（イールドカーブ）の変化に着目する．株価については，インデックス（マーケット指数）の変化のほかに，個別株価要因に着目する場合もある．これらのマーケット価格は，管理対象の金融商品のリスク（価格下落）の源泉となる変数であると解釈できることから，しばしばリスクファクターと呼ばれる．なお，対象とする金融商品は，単品の場合もあれば，ポートフォリオの場合もある．

このようなマーケット・リスクを数量的に分析する方法としては，多様なバリエーションがある．ここでは，代表的なアプローチとして，①感応度分析，②VaR，③シナリオ分析，ストレステストをそれぞれ簡単に紹介する．どの方法を使うかは，リスク計量の目的や評価対象の金融商品の特性などに基づいて決められるべき問題である．

1.1.1 感応度分析

リスクファクターが単位当たり変化したときに資産価格がどれだけ変化する

かを感応度（センシティビティ）と呼ぶ．例えば，債券価格については，修正デュレーションが，利回りをリスクファクターとみたときの感応度である．個別株価については，ベータ値が，資本資産価格モデル（CAPM）を前提としてマーケット株価指数をリスクファクターとみたときの感応度である．あるいは，オプション取引であれば，いわゆるデルタ値が感応度に相当する（厳密には，ガンマ値などの高次効果を捨象できる場合）．感応度は，リスクファクターの動きを与件とした場合に個別資産ないしポートフォリオのマーケット・リスクを把握するための指標であり，後述のシナリオ分析などでも利用可能である．感応度の計算は，資産価格がリスクファクターの関数として与えられていれば，その微分係数を算出することによって求められる．

微分係数の解析的な計算が困難なケースにしばしば用いられるのは，リスクファクターが1ベーシス・ポイント（1 bp）ないし10ベーシス・ポイント（10 bp）変化したときに資産価格がどれだけ変化するかを数値計算によって算出する方法である．これらは，差分近似された感応度であると解釈でき，それぞれ，1ベーシス・ポイント・バリュー（1 bpV）ないし10ベーシス・ポイント・バリュー（10 bpV）と呼ばれる．

1.1.2 バリュー・アット・リスク（VaR）

VaRは，金融資産を一定期間保有する場合に，一定の信頼区間の下で統計的に評価された最大損失額を表すリスク指標である．VaRを算定する上では，上記の感応度のほかに，個々のリスクファクターの変動可能性（ボラティリティ）や相関（コリレーション）の推定値も利用する．VaRの考え方は，第1章・第2章の主題であり，1.2節でも丁寧に説明を行うため，ここではこれ以上立ち入らない．

1.1.3 シナリオ分析，ストレステスト

VaRを補完するリスク分析手法としてしばしば行われるのが，シナリオ分析とストレステストである．両者はいずれも，将来的にマーケット価格がどのように変化しうるかといった予想や，マーケット価格に間接的に影響しそうな何らかの出来事（例えば，マクロ経済情勢や政治情勢の変化など）が発生した

場合の帰結などについて，過去の経験に基づく客観的分析に主観的な判断を織り交ぜながら各種のシナリオを想定する．そして，設定された複数のシナリオのもとで，資産ポートフォリオの価値がどのように変化するかを計算する．さらに，計算結果に基づき，必要に応じて，リスク・プロファイルの変更などを実行する．VaRの計量結果をみただけでは，どのような環境下で有意な損失が発生するのか具体的なイメージがわかりづらいケースもあろうが，シナリオ分析やストレステストは，具体的な環境から出発して結果を分析することから，対応を考える上でわかりやすいというメリットがある．また，VaRでは，実現確率が一定値未満の事象はリスク分析の対象から自動的に除かれる扱いとなるのに対し，シナリオ分析やストレステストでは，たとえ実現確率が非常に小さくても，ひとたび実現すると極めて深刻な事態を引き起こすような事象を分析対象に取り入れることができる．その意味で，これらの手法とVaRは互いに補完的な関係にあるともいえる．例えば，第2章（2.4.3項）では，信用リスクをVaRで評価することの限界を議論する中で，シナリオ分析やストレステストの役割を具体的に示す事例（日本のバブル期の不動産投資向け貸出についてのリスク評価）を紹介する．

　シナリオ分析とストレステストでは，上記の手順がほぼ共通しており，両者の間に必ずしも明確な区分けがあるわけではないが，あえて両者を区別するならば，次のようになろう．シナリオ分析は，比較的起こりやすそうなマーケット環境について多数のシナリオを想定してリスク分析を行う．一方ストレステストは，発生する確率は比較的小さいが大きなショックを及ぼしうるシナリオを選択的に想定してリスク分析を行う．

　より具体的なイメージを得るために，以下，主としてストレステスト型の分析におけるシナリオの設定方法を便宜的に以下の3通りに整理して簡単な説明をしておこう[*1]．なお，シナリオ分析型の事例については，後掲1.3節の中で金利オプションのマーケット・リスクを評価する手法の1つとして紹介する．

[*1] これらシナリオの設定後に資産価値の変動を算定する方法は，主としてプライシングの問題であり，本書の姉妹書『金融デリバティブズ』を参照されたい．

（1） 過去の出来事に基づくシナリオ設定

過去にリスクファクターが極端に変動した出来事を特定し，当時のリスクファクターの変動をそのまま現在のポートフォリオに適用する方法．例えば，ブラック・マンデー（1987年10月）やロシア通貨危機（1998年8月）の際の主要リスクファクター（株価指数，為替レート，主要国債券価格）の動きをあてはめることができる．

（2） 仮想シナリオの設定

将来の潜在的なシナリオを主観的に想定するもの．例えば，米国が市場予想を大幅に上回る金利引上げを行ったらどうなるかといったマーケット・シナリオから，近隣国の中で政変が起きたらどのような影響が及ぶかといった政治シナリオまで，様々な可能性を設定できる．

（3） ヒストリカル・シミュレーション法

この方法は，1.3節などで解説するように，VaR計量方法の1つとして位置づけられる場合が多い．ただ，VaRでは特定の信頼区間に対応した潜在損失だけに着目するのに対し，より幅をもった視点からシミュレーションの結果をみることもできる．例えば，観測期間2年でヒストリカル・シミュレーションを行った場合，その中で1日当たり資産価格下落幅が最大であった事例をみつければ，今後2年間での1日当たり最大リスクを評価する上での指標の1つとなるだろう．また，通常のヒストリカル・シミュレーションでは，複数のリスクファクターの動きを同時にシミュレーションに取り入れることによって相関を考慮するが，より保守的なリスク評価を行うために，相関を一切考慮せず，個別のリスクファクターごとにヒストリカル・シミュレーションを行ったり最大リスクを評価したりすることもできるなど，目的に応じて柔軟な分析が可能である．

1.2 バリュー・アット・リスクの考え方

1.1節において，マーケット・リスクについての各種分析方法を概観したので，ここからは，第1章の本題であるバリュー・アット・リスク（VaR）を利用してマーケット・リスクを計量する方法を解説する．

1.2.1 バリュー・アット・リスクの基本：分散・共分散法

VaRの計算方法にはいくつかのバリエーションがあり，リスク評価の対象とする資産の性質などに応じて使い分けを行う．バリエーションの詳細は後掲1.2.2項および1.3節で具体的に解説するが，ここではまず，VaRの考え方を理解するのに最適な分散・共分散法と呼ばれる計算方法を紹介する．この方法を理解する中で，リスク評価指標としてのVaRの概念を修得しよう．

a. 単体の金融商品に対するバリュー・アット・リスク

VaRは，過去のマーケット変動に関するデータに基づき，将来の発生しうるリスクを統計的・数量的に評価したものである．具体的にみると，「保有期間 x 日，信頼区間 y％ のVaRが z 円である」という意味は，「評価時点から x 日後の資産（負債）価値が現在より z 円以上小さく（大きく）なってしまう可能性は，高々（$100-y$）％」ということである．

はじめに，極めて簡単な例として，日本の投資家が米ドルの現金を1億ドル保有するケースを想定しよう．この投資家は，円-ドル為替レートをリスクファクターとするリスクを取りながら収益の獲得を狙っている．投資のタイムホライズン（保有期間）を1週間ないし1か月として，信頼区間99％のVaR

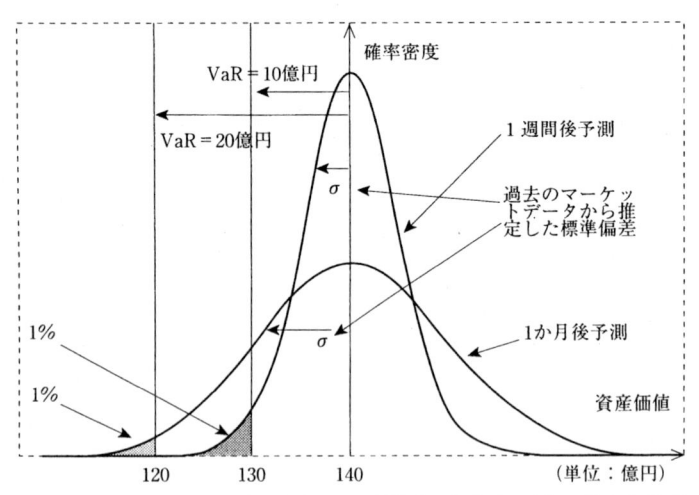

図1.1　1種類の資産（現金1億米ドルに付随する為替リスク）に対するVaRの概念図

の概念図を図1.1に示した．

図1.1に示された例では，円-ドル為替レート（現時点で140円/ドルと想定）が今後1週間ないし1か月間でどの程度ボラタイルに変動するかという不確実性を評価する上で，為替レートが正規分布に従って変化すると仮定し，その標準偏差（図中の σ）を過去のデータに基づいて推定することによって，将来のレートの確率分布（確率密度関数）を特定したものである．一般に，正規分布を特定するには標準偏差だけでなく平均値も必要であるが，マーケット・リスクを評価する場合には市場レートの期待変化幅をほぼゼロと見なすことができるような比較的短期のタイムホライズンで議論を進めるため，平均値は現時点の市場レートそのもの（レート変化の平均値はゼロ）とすることが多い．この例でも，将来の確率分布の平均値は現時点の資産価値（140億円）と同じとした．また，保有期間が1週間の場合と1か月の場合を比較すると，後者の方がリスクにさらされる期間が長い分だけ為替レートの変動可能性が大きいために，確率分布の形状がより幅広くなっている（標準偏差がより大きい）．一般には，標準正規過程（標準ブラウン運動）における単位時間当たりのボラティリティを σ_0 とすると，時間 t 当たりのボラティリティは $\sigma_0\sqrt{t}$ によって与えられる．この例では，単位時間を1営業日とすれば，保有期間1か月（20営業日）のボラティリティ（$\sigma_0\sqrt{20}$）は，保有期間1週間（5営業日）のボラティリティ（$\sigma_0\sqrt{5}$）の2倍となる．さて，信頼区間99%のVaRは，確率分布の左側（資産価値が減少するダウンサイド・リスクの方向）の裾野でシャドー

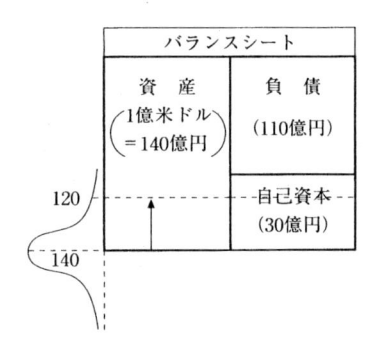

図1.2 VaRとバランスシートの関係に関する概念図

部分の面積が1%の地点を特定し,その資産価値が現時点の資産価値よりどれだけ少ないかを表す数値である.図1.1の例では,VaRは,保有期間1週間の場合に10億円,同1か月の場合に20億円となっている.この米ドル現金を保有する投資家のバランスシート(時価ベースで表示)を図1.2のように想定すると,資産価値が1か月後に20億円減少していたとしても,それを自己資本(現時点で30億円との想定)の範囲内で吸収する財務体力があることになる.この場合,VaRのアプローチで評価した結果として,この投資家が為替リスクの顕現化から1か月後に債務超過に陥る可能性は,1%を下回るといえる.

ここで,2つの点について,議論を一般化してみよう.

第1に,信頼区間と保有期間の一般化である.保有期間 (t) については,前述のように,ボラティリティを $\sigma_0\sqrt{t}$ とすることによって一般化可能である.次に信頼区間について考えると,資産価値の確率分布をあらかじめ知っている場合には,分布の左側裾野 α% 地点の VaR(すなわち,$100-\alpha$ を信頼区間とする VaR)を確率分布の特性パラメータによって表現することが可能である.実際,上の例のように資産価値の変化ないし変化率が正規分布(平均値ゼロ,標準偏差 $\sigma_0\sqrt{t}$ とする)に従うと仮定するケースがしばしばあるが,正規分布表などから,

$$\alpha=0.005 \text{ ならば, VaR(信頼区間 99.5\%)} = 2.58\,\sigma_0\sqrt{t}$$
$$\alpha=0.01 \text{ ならば, VaR(信頼区間 99\%)} = 2.33\,\sigma_0\sqrt{t}$$
$$\alpha=0.05 \text{ ならば, VaR(信頼区間 95\%)} = 1.65\,\sigma_0\sqrt{t}$$

となることが容易に確かめられる.このように信頼区間に応じて $\sigma_0\sqrt{t}$ に乗ずるべき係数(2.58,2.33,1.65 など)を,本章では以下,β と表記する.リスク計量にあたってどの程度の保守性を求めるかに応じて,α ないし β の水準を任意に決めることが可能である.

第2の一般化は,資産価値とリスクファクターの関係である.上の例では,リスクファクターである為替レートが3割動けば,資産価値(米ドル現金の円貨ベース価値)もちょうど3割動くというように,リスクファクターの動きと

資産価値の動きが完全な線形関係にあった．これを一般化すると，資産価値 PV はリスクファクター x の関数として，$PV=f(x)$ と関係づけられる．VaR は，x が Δx だけ変化したときの PV の変化幅 ΔPV を統計的に評価する指標であるから，関数 $f(x)$ の形状が問題となる．もっとも，為替リスク以外のケースについても，個別株式（リスクファクターは株価指数とその他個別要因）にせよ債券（リスクファクターは金利）にせよ，現物や先物・スワップなどの非オプション取引であれば，$\Delta PV = \delta \cdot \Delta x$ と線形近似できる場合が多い．δ は，関数 $f(x)$ の1階の微分係数であり，資産価値のリスクファクターに対する感応度（センシティビティ）と呼ばれる．これに対し，オプション取引を扱う場合や，非オプション取引であっても線形近似に伴う誤差を無視できない場合（例えば，大規模な債券ポートフォリオでコンベクシティの効果が大きい場合）には，後掲1.3節で解説するような非線形リスクに対する VaR 計測のアプローチを適用する必要がある．その方法論は後に譲り，この1.2節ではまず線形近似が可能であると想定して話を進める．

上記の米ドル資産の例は，$\alpha=0.01$，$\beta=2.33$，$\delta=1$ 億円という特定のケースにおける VaR を示していたが，ここでみた一般化によれば，次のような整理が可能である．過去の金融時系列データから推定される σ_0 は，リスクファクター x の単位時間当たり標準偏差である．保有期間が t，信頼区間が $(1-\alpha)$ の VaR を算定するならば，x が $\beta\sigma_0\sqrt{t}$ だけ変化するケース（$\Delta x = \beta\sigma_0\sqrt{t}$）に着目して，資産価値の変化(減少)幅 ΔPV を求めればよい．したがって，VaR $= \beta\delta\sigma_0\sqrt{t}$ と表すことができる．

b．複数の金融商品から成るポートフォリオに対するバリュー・アット・リスク

多数の金融商品から構成されたポートフォリオの価値は，複数のリスクファクターに依存する．この場合，本項a．での議論に加えて，リスクファクター間の相関を考慮する必要が出てくる．典型的な考え方としては，複数個のリスクファクターの変化率が多変量正規分布に従うと仮定する場合が多い．

まず，先ほどの為替リスクの例を2資産ポートフォリオに拡張した例を考えよう．すなわち，日本の投資家が1億米ドルと1億カナダドルを共に保有するケースを想定する（現時点で140円/米ドル，100円/カナダドルと想定）．こ

の2つのリスクファクター（円-米ドル・レートと円-カナダドル・レート）間の相関は有意に正であると考えられるが，図1.3の概念図には，仮想的に相関が正の場合と負の場合の双方を想定して示した．

図1.3は，両資産の円換算額をそれぞれ縦軸と横軸にとって，それら2変数に関する同時分布（二変量正規分布）の確率密度関数を等高線によって表示し

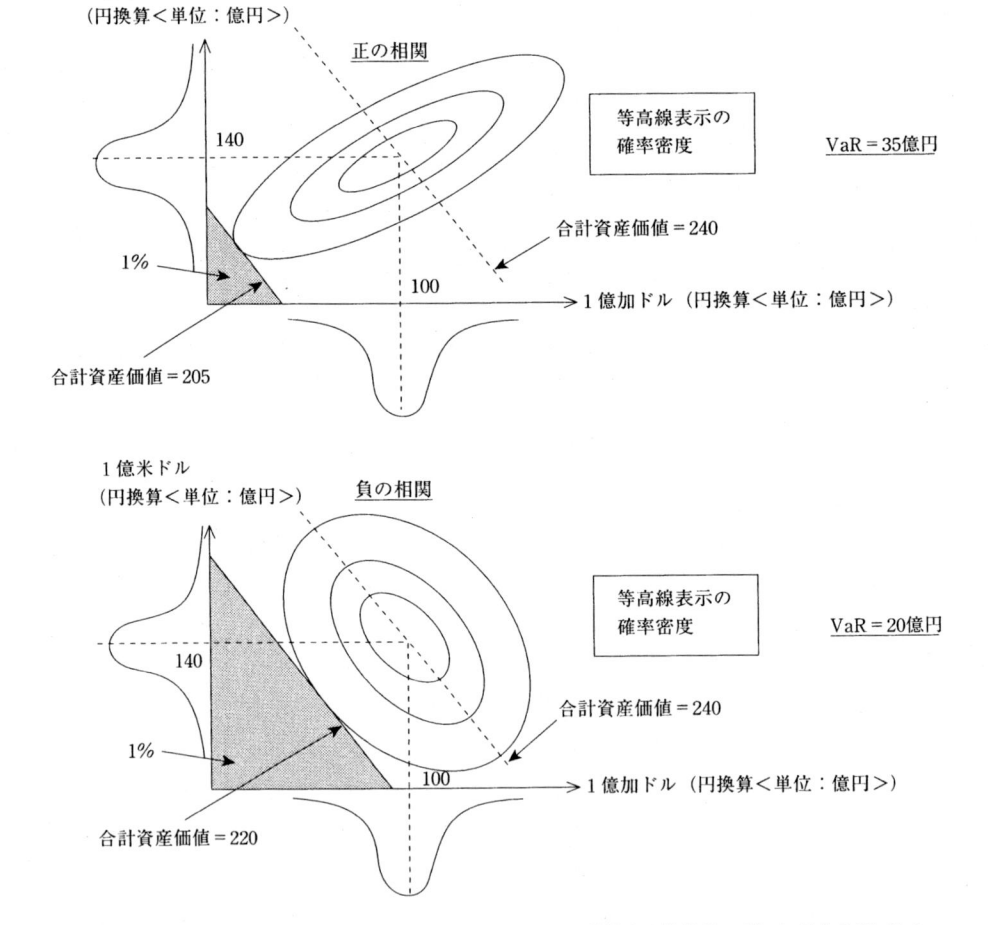

図1.3 2種類の資産（現金1億米ドル＋1億カナダドルに付随する為替リスク）に対するVaRの概念図――特に，ポートフォリオ効果（資産間の相関の影響）について

たものである．ポートフォリオの総資産価値は傾き-1の直線によって表される（価値の大きさは，直線と縦軸・横軸との交点によって与えられる）．本項a.とのアナロジーからもわかるように，ダウンサイド・リスク側にある原点から出発して上記直線を右上方向に平行移動させながら確率密度関数を二重積分した結果がちょうど1％になった地点の合計資産価値（上の図〈正の相関〉では205億円，下の図〈負の相関〉では220億円）に着目する．それを現時点の合計資産価値（240億円）と比較することにより，VaR（信頼区間99％，保有期間はこの例では明示しない）は，上の図で35億円，下の図で20億円であることがわかる．相関の違いからこうした差が生ずる理由は直観的に理解できる．すなわち，両資産の相関が大きいほど，一方の資産が減少（増加）する局面では他方の資産も減少（増加）する傾向が強いことから，ポートフォリオの総資産価値のボラティリティがより大きくなる．この事情は，図1.3において等高線表示された確率密度関数の形状からも見て取れる．

このような相関の効果を勘案したVaRを数式によって一般的に表現してみよう．各外貨表示でδ_1相当の米ドル現金とδ_2相当のカナダドル現金から成るポートフォリオ（図1.3の例は，特に$\delta_1=\delta_2=1$億のケース）の総資産価値に関する単位時間当たりボラティリティσ_Pは，円-米ドル・レートおよび円-カナダドル・レートのボラティリティ（それぞれσ_1, σ_2とする）とその相関係数ρ_{12}によって，

$$\sigma_P = \sqrt{\delta_1^2\sigma_1^2 + 2\rho_{12}\delta_1\delta_2\sigma_1\sigma_2 + \delta_2^2\sigma_2^2} \tag{1.1}$$

と表される．一般に，それぞれ正規過程に従う複数の変数の線形結合として表される変数はやはり正規過程に従い，そのボラティリティが (1.1) 式のようになるという性質がある．ポートフォリオのVaRを導出するには，本項a.での$\delta\sigma_0$をσ_Pで置き換えればよいから，

$$\begin{aligned}\text{VaR} &= \beta\sigma_P\sqrt{t} \\ &= \beta\sqrt{(\delta_1^2\sigma_1^2 + 2\rho_{12}\delta_1\delta_2\sigma_1\sigma_2 + \delta_2^2\sigma_2^2)t}\end{aligned} \tag{1.2}$$

となる（βおよびtの定義は前と同様）．

ここまでは2つの資産で議論したが，一般にn資産のポートフォリオを対象にVaRを算定する方法も考え方は同様である．それを定式化すると，

$$\mathrm{VaR} = \beta\sqrt{\varDelta'\varSigma\varDelta}\sqrt{t} \qquad (1.3)$$

ただし $\varDelta \equiv \begin{pmatrix} \delta_1 \\ \delta_2 \\ \vdots \\ \delta_n \end{pmatrix}$, $\varSigma \equiv \begin{pmatrix} \sigma_1^2 & \sigma_{12} & \cdots & \sigma_{1n} \\ \sigma_{21} & \sigma_2^2 & \cdots & \sigma_{2n} \\ & & \vdots & \\ \sigma_{n1} & \sigma_{n2} & \cdots & \sigma_n^2 \end{pmatrix}$, $\sigma_{ij} \equiv \rho_{ij}\sigma_i\sigma_j \ (1 \leq i \neq j \leq n)$

となる．$\varDelta$ は感応度ベクトル（センシティビティ・ベクトル），$\varSigma$ は分散・共分散行列と呼ばれる．このため，ここで説明した VaR の算定方法は，しばしば，分散・共分散法（または，パラメトリック法）と呼ばれ，前述のように線形近似可能な資産に対するリスク評価の定番となっている．

c. 分散・共分散法の限界

本項 a. と b. では，分散・共分散法によって VaR を算定する方法を解説した．これをあらためて整理すると，①リスクファクターのボラティリティと相関を過去のデータから推定した情報と，②ポートフォリオのリスクファクターに対する感応度の，2 つを入力情報として，解析的に VaR を算定する方法であるといえる．分散・共分散法は計算負担が相対的に小さいため，最も頻繁に利用される方法である．ただし，既にみたように，感応度を計算する上で線形なリスクのみが対象とされ，非線形なリスク（2 次以上の高次のリスク）による効果は捨象されるという限界があった．このため，非線形リスクを無視できないようなポートフォリオに対しては，他の計算方法（各種のシナリオ分析法や各種のシミュレーション法）を適用して VaR を計算する．そうした計算の実例については，1.3 節で説明する．

また，線形なリスクのみを分析対象にするとしても，リスクファクターに対して対数正規分布を先験的に適用するという扱いが，本当に分布の裾野を評価する VaR 分析において大きな問題ではないといえるかどうかも，自明でないところである．この関連では，特に確率分布の裾野を漸近的に評価するツールとして極値論（extreme value theory, EVT）が注目を集めている[*2]．

[*2] EVT の理論的概要や実証例を解説した文献としては，ダニエルソン・森本（2000）や森本（2000）などがある．

1.2.2　バリュー・アット・リスクの活用

VaR が計算されたとして，それを金融機関のリスク管理実務でどのように活用できるのだろうか．ここでは，概念整理として，主要な 3 つの活用方法を掲げておく．これらの内容については，マーケット・リスクだけでなく信用リスクも念頭に置いて算定した VaR について解説する方が理解しやすい面があるので，第 2 章（2.4.1 項）において具体例を示しながら再度説明する．ここでは，概要だけをみておこう．

（1）リスク・モニタリング

VaR によって，保有しているリスクの大きさを客観的に評価できる．その結果は，下記の（2）や（3）のインプットとして利用できるなど，自らの経営に役立てることのほか，外部の投資家にリスク・プロファイルをディスクローズする上での共通言語にもなる．

（2）業績評価

個々の取引の収益管理をする上では，リスク保有に伴うコスト（VaR に見合った資本を保有するためのコスト）を明示的に織り込んだ管理会計を導入することが理論的にみて望ましい．また，ポートフォリオの業績評価をする上でも，リスク（VaR）対比でみた収益を評価基準とすることが一般化している．VaR で基準化した収益指標には細かい点でいくつかのバリエーションがありうるが，例えば RAROC（risk adjusted return on capital）と呼ばれる指標は，分子にポートフォリオの期中粗利益を，分母にポートフォリオの VaR をとった比率である．

（3）資本配分

金融機関全体としての総リスク量が適正かどうかをチェックするには，トータルの VaR と自己資本の大きさを比較すればよい．また，金融機関内部の部門ごとに資本（これが，リスク限度枠に対応する）を配分する作業は，個々の部門の業績評価などの情報をもとに，どのビジネスに重点を置いて事業を推進していくかという重要な経営判断である．さらに，個別の部門内でも，ポートフォリオごとやトレーダーごとにリスク限度枠を設定する上で，名目取引量によって枠を定義する方法のほかに，VaR によって枠を設定する方法もある．

1.3 オプション取引などに伴う非線形なマーケット・リスクの計量

本節では，オプション取引をはじめとして非線形なリスク（non-linear risk）を有する金融商品を対象に VaR を算定する上での方法論を詳細に解説する[*3]．はじめに，1.3.1 項では，非線形リスクを含んだ VaR の計算方法として各種のシナリオ分析法およびシミュレーション法について，それぞれの方法論と特徴点を整理する．次に 1.3.2 項では，複数の金利オプション商品から構成したテスト・ポートフォリオに対して，各種の計算方法により VaR を計算し，その結果を比較・分析する．また，ベガ・リスクを定量化する上での問題点についても整理する．また，1.3.3 項では，新たな計量アプローチとして，極値論（EVT）や条件付き VaR（CVaR）について言及する．

これらの分析により，同一のポートフォリオを対象にしても計算方法次第で算出されるリスク量にかなりの差が現れうることが確認される．したがって，リスク管理の実務上は，採用した方法の特徴点を理解し，計算結果が持つ意味と限界を明確に認識しておくことが不可欠であるといえる．また，各計算方法には長所・短所があり，画一的な優劣を付すことはできない．リスク分析の目的に応じて最適な方法を選択したり，場合によっては多面的な分析を志向することが望まれる．こうしたインプリケーションは，線形リスクの定量化においても当てはまるが，非線形リスクについてはモデルが複雑化する分だけ，その重要性も高いといえる．

本論に入る前に，非線形リスクの定義について確認しておこう．ある金融商品ないしポートフォリオのリスクが非線形であるとは，市場レート（リスクファクター）の変化に対して金融商品の価格が非線形に変化することを意味する．これは，価格関数を市場レートについてテーラー展開したとき，2 次以上の高次の効果を無視しえないということに相当する．マーケット・リスクを想定すると，オプション商品が典型的な例であるが，実際には一見線形リスクしかないようにみえる商品にも非線形リスクが内包されている場合がある．例えば，コンスタント・マチュリティー・スワップ[*4]（constant maturity swap,

---

[*3] 1.3 節の内容は，小田（1996）をもとに加筆・修正を施したものである．

CMS) のような商品ではコンベクシティ[*5]が比較的大きいことが知られている．また，単独ではコンベクシティが小さい伝統的な債券であっても，ポジションが大規模になれば全体のコンベクシティ効果を捨象できない．このほか，銀行勘定の金利リスクを評価する上では貸出・預金などのプリペイメント・リスク（内包的オプション〈embedded option〉の一種）の扱いが大きな問題であることが知られているが，その分析にあたってもここで扱う諸方法の適用可能性は検討に値しよう．

なお，1.3 節では，便宜上オプション商品にかかるベガ・リスク（インプライド・ボラティリティ〈IV と略称〉の変化により商品価格が変動するリスクと定義）も非線形リスクに含めて議論を進める[*6]．これは，ベガ・リスクは典型的な非線形リスク保有商品であるオプション商品に特有のリスクであることを反映した扱いである．一方，ベガ・リスクを含まない純粋な非線形リスクをガンマ・リスクと呼ぶことにする[*7]．

1.3.1　各種計算の方法論と特徴点

非線形リスクの扱いに関する予備知識を整理しておこう．具体的には，非線形リスクの特徴を確認した後，リスク計算上の対応策として種々の選択があることを示しつつ，代表的な計算方法について解説する．

a．非線形リスクの特徴（線形リスクとの比較）

まず，非線形リスクの計測には線形リスクと異なる方法が必要となる理由を

[*4] 金利スワップの一種であり，変動金利（例えば 3 か月 LIBOR）とスワップレート（例えば 5 年ものスワップレート）を交換する商品である．スワップレートの期間は，時間が経っても一定（この例では 5 年もの）であることから，このような商品名で呼ばれる．例えば，長プラ（新発債券のクーポン〈これはほぼスワップレートに連動〉に基づき決定される）と LIBOR を交換するいわゆる長プラ・スワップ（1990 年前後に多数取引された商品）は，CMS の一形態と考えることが可能である．

[*5] 商品価格関数を市場レートについてテーラー展開したとき，2 次の項の係数をコンベクシティという（オプション商品価格についてガンマと呼ばれる係数が，fixed income 商品ではこのように呼ばれる）．

[*6] 実際には，インプライド・ボラティリティに対するオプション価格の変化はほぼ線形であることが知られているから，ベガ・リスクの扱いとして，インプライド・ボラティリティを新たなリスクファクターとする線形リスクとみることも可能である．

[*7] ここでの「ガンマ・リスク」の定義には，テーラー近似式における 2 次の項（いわゆるガンマ）の効果に加え，3 次以上の項の効果も含めて考える．

視覚的に確認しておこう．図1.4，図1.5は，この事情をみるために，非線形リスクと線形リスクの相違を描いたものである．横軸のリスクファクター（例えば，金利）に対応して縦軸にポートフォリオの価値が表された曲線上において，現在の時価を通る接線が引かれている．ポートフォリオのリスク特性が線形であるとは，この接線によるポートフォリオ価値の近似がリスク計測区間内（点線の矢印で表示）において十分正確であるということである．この点，2つの図では近似誤差が大きく，非線形リスクを示す例となっている．ここではリスク計測区間内における最低価値に着目し，現在価値からみた低下幅をリスク量と考えており[*8]，線形近似によるリスク量と非線形リスク量との間に有意な差が現れている．図1.4は，最大損失額がリスク計測区間の端点（本例では右端）で実現する例であり，非線形性のために線形リスクの2倍程度のリスク量が観測される．一方，図1.5は，最大損失額がリスク計測区間の内部（端点以外）で実現するというより複雑なケースであり，端点情報を調べるだけでは必ずしも十分でないことを示す事例となっている．

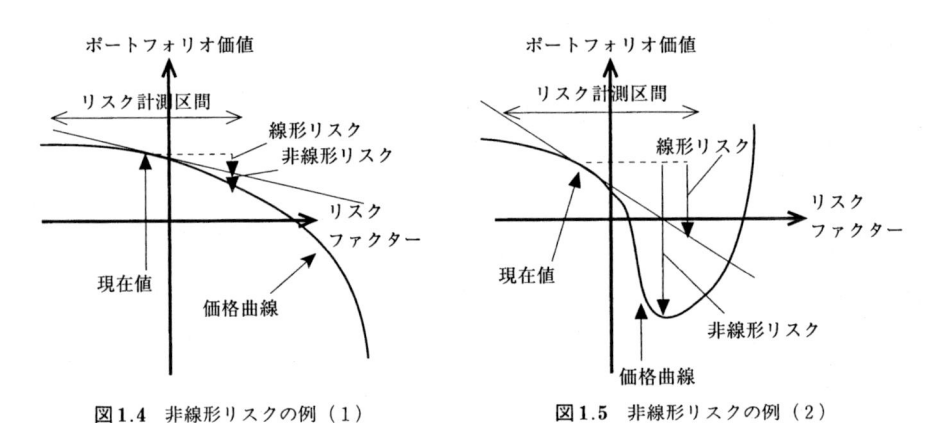

図1.4　非線形リスクの例（1）　　　　図1.5　非線形リスクの例（2）

b．非線形リスク・線形リスクの分離計算と統合計算

一般に，VaRの計算方法として最も普及している簡便な手法は分散・共分

[*8] ここでのリスク量の定義は，後述のシナリオ分析法におけるリスク（最大損失額）の考え方に対応しており，シミュレーション法で分析するリスクとは厳密には一致しない．しかし，視覚的な理解の容易さからこの定義を採用した．

散法[*9]である．既に述べたとおり，この方法は，個々のリスクファクターの変動率[*10]が正規分布に従うと仮定することにより，それらの線形結合として表されたポートフォリオの価値も一定の多変量正規分布に従うとして，その標準偏差に特定の信頼区間に対応する倍率（例えば，99%信頼区間であれば2.33倍）を乗じてリスク量とする方法である．1.2節の繰り返しになるが，分散・共分散法で算出したリスク量は，ポートフォリオのリスク特性が線形である限りは正確なものであるが，非線形性が存在する場合には必ずしも十分な評価を与えることができない．その場合には，非線形リスクを捕捉するために別途分析が必要となる．実際，非線形リスクを含んだポートフォリオのリスク計量方法には数多くの選択がありうる．これらを線形リスク部分の計測と非線形リスク部分の計測との組み合わせとして分類すると，図1.6のように整理することが可能である[*11],[*12]．

		線形リスク	
		分散・共分散法	シミュレーション法
非線形リスク	シミュレーション法	①	③
	シナリオ分析法	②	—

図1.6　ポートフォリオのリスク計量方法の分類

[*9] 分散・共分散法の考え方の詳細については，1.2.1項のほかにも，日本銀行金融研究所（1995），J. P. Morgan & Co.（1995）などを参照．また，線形リスクに限定された分析ではあるが，分散・共分散法を含めた様々なVaR算出手法の正確性を比較した研究としてHendricks（1995）がある．

[*10] リスクファクターの変動率ではなく，変動幅が正規分布に従うと仮定することも可能．実務的には，当該リスクファクターが実際にどちらの分布によくあてはまるかを検討して選択を行うことが望まれる．なお，第3章では，先験的に変動率の正規分布性を仮定して試算を行った例を示している．

[*11] 図1.6は，理解を容易にするための1つの分類であり，実際には，このほかの計算手法や分類方法もありうる．

[*12] 非線形リスクを含むポートフォリオのVaRを計算する手法としては，図1.6（および以下の議論）で取り上げるシミュレーション法とシナリオ分析法のほかにも，(a) グリーク・レター法，(b) ファクター・プッシュ法，(c) 最大損失額法（maximum loss method）などを挙げることが可能である．

(a) は，いわゆるガンマ値を算出した上で，種々の仮定を置くことによって近似的に非線形リスクを算出する方法であり，イールドカーブのパラレルシフトのみを前提とした粗い方法から，グリッド別のガンマ値を加工・計算する保守的な方法まで，様々なバリエーションがありう

①および②は，線形リスクと非線形リスクを分離[*13]した上，前者に対しては計算負担の軽い分散・共分散法を適用し，後者については非線形を捕捉可能な別の計算（①はシミュレーション法，②はシナリオ分析法）で対処する方法である．これらは，オプションのような非線形リスクを含んだポジションが相対的に小さい場合に，また線形リスク部分の規模が大きいため全体としての計算負荷を軽減したい場合に有効である．例えば商業銀行のポートフォリオはこれらにあてはまる場合が投資銀行に比べて多く，このため①，②のいずれかが選択される場合が多いと予想される．これに対し，③は，線形リスク部分と非線形リスク部分を切り離すことなく，ポートフォリオ全体に対してシミュレーション法を適用する方法である．これは，線形リスク部分と非線形リスク部分の相互作用の効果[*14]（リスクのネット・オフなど）を勘案できるという意味で理論的には優れた計算方法であるが，大規模なポートフォリオを対象とすると計算負荷が重い[*15]という欠点がある．こうした点を踏まえ，以下では1.3.2項b.において上記①，②を念頭に置き，非線形リスクだけを評価対象とする場合のシミュレーション法およびシナリオ分析法について比較分析を行う．その後，1.3.2項c.において，③の手法と①などとの比較を行う．

なお，図1.6（特に①，②の場合）におけるベガ・リスクの扱いについては，2通りの対応がありうる．すなわち，(a) ベガ・リスクを非線形リスクの一部と見なして線形リスクから分離し，ガンマ・リスクと同時に計量する方法と，(b) ベガ・リスクを線形リスクの一部と見なして分散・共分散法で扱う方法である．(a) では，ベガ・リスクとガンマ・リスクの相互作用を取り込める反面，ベガ・リスクと他の線形リスクの相関を勘案できない．一方 (b)

る．また，(a) は比較的計算負担やシステム構築負担が小さい点も特徴の1つであり，このため，オプション取引への関与が小さい金融機関にとって簡便にリスクの概容を捉える上で有効な手段となりうる．

なお，(b) の詳細については Wilson (1996)，(c) の詳細については Studer (1996) などを参照されたい．

[*13] 典型的な分離方法では，非線形リスクについては該当商品にデルタ・ヘッジを施した上で非線形リスクを算出する一方，線形リスクについては同デルタ・ヘッジに対応したポジションを含めて計算を行う．

[*14] この効果については，後掲1.3.2項c.において検討する．

[*15] 例えば，ある金融機関では，③の方法により自らのポートフォリオのリスク量を計測するのに高速計算機で半日〜1日の計算時間を要するという例もある．

では，この逆の性質があり，それぞれ一長一短である．1.3節では，前述のとおり，原則的に（a）の考え方に沿って議論を進める．

c．シナリオ分析法

シナリオ分析法については，1.1.3項でVaRを補完する方法という位置づけで簡単に紹介したが，ここでは，非線形リスクのVaRを算定する機能も持つことをみていこう．

まず，シナリオ分析法を広義に捉えると，将来の市場レートについて主観的なシナリオを設定し，それが実現した場合にポートフォリオの価値がどのように変動するか分析するアプローチといえる．例えば，極端な市場変動シナリオを想定すれば，いわゆるストレステストの一形態となる．一方，現時点の市場レートから一定の範囲内の市場変動を想定した上でポートフォリオ価値の低下可能性を分析すれば，VaR的なリスク計量として応用可能である．1.3節で以下，シナリオ分析法という場合は，後者の狭義のシナリオ分析法を意味する．

シナリオ分析法の基本形は，(i) 個々のリスクファクターについて特定のリスク計測区間（例えば，現在値±$2.33\sigma\sqrt{T}$〈99%の信頼区間に対応．ただしσは標準偏差，Tは保有期間を表す〉）を考え，(ii) 計測区間内で均等にリスク計測グリッド（以下，単にグリッドと呼称）を設定し，(iii) 各グリッド上でポートフォリオの価値を再計算し，その中での最低価値が現在の時価を下回る幅をもってリスク量とする．ただ，一般に複数個のリスクファクターが存在する場合には，グリッドの設定方法などによって数多くのバリエーションがありうる．以下では，その中から2種類の方法（総当り法，個別値合算法）を取り上げ，考え方と特徴点を示す．

（1）総当り法

総当り法とは，各リスクファクター上のグリッドについて，あらゆる組み合わせを想定して計算を行う方法である．概念図（図1.7）では，リスクファクターとして期間が異なる2種類の金利（IR_1，IR_2）と1種類のインプライド・ボラティリティ（IV）を想定し，金利については各5個ずつのグリッドを，インプライド・ボラティリティについては3個のグリッドを設定している．図には，リスク計測領域に相当する直方体の表面上に現れたグリッドのみを黒点で表示しているが，実際には直方体内部にもグリッドが詰まっている（この例

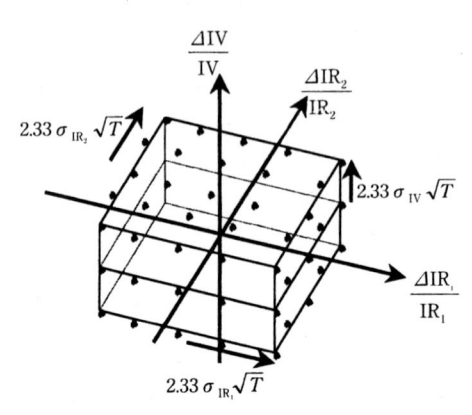

図 1.7 シナリオ分析法(総当り法)の概念図

では全部で 75 個(=5×5×3)のグリッドが存在).なお金利リスクを扱う場合,実務上はイールドカーブを期間で分割したゾーンをリスクファクターとして認識し,各ゾーンのパラレルシフトに対応するグリッドを多数設定する場合が多い.一方,インプライド・ボラティリティについては,ベガ・リスクがほぼ線形であるため,リスク計測区間の両端点(原点を入れれば 3 点)をチェックするだけで最大損失額を検出可能である.

　総当り法の特徴について後掲の個別値合算法との比較を念頭に置き列挙すると,長所としては,あらゆるグリッドの組み合わせをテストするという点で保守的であること,一方短所としては,リスクファクター間の相関を考慮しない(例えば IR_1 と IR_2 の間には通常正の相関が予想され,両者が反対方向へ大きく変動するシナリオは実現可能性が小さいにもかかわらず,これとより現実的なシナリオを同等に扱ってしまう)ため,過度に保守的なリスク量が検出されうることや,計算回数が多いことなどを指摘できる.

(2)　個別値合算法

　個別値合算法では,1 つのリスクファクターだけを変化させ,他のリスクファクターは変化させないという条件下で最大損失額を算出する.これを各リスクファクターごとに行い,それらを合算したものを全体のリスク量と考える.これを概念図(図 1.8)でみると,グリッドは 3 つの座標軸上のみに存在して

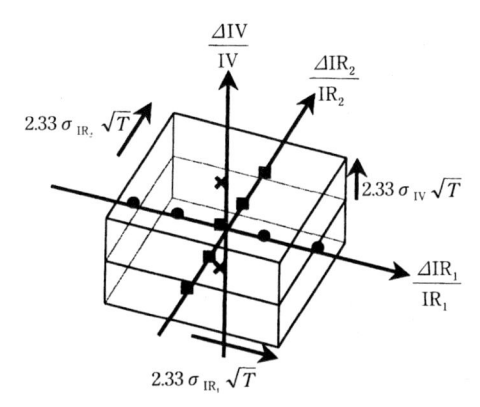

1.3 オプション取引などに伴う非線形なマーケット・リスクの計量　　27

図1.8　シナリオ分析法（個別値合算法）の概念図

おり，各軸上で最大損失額を検出した上，それら3つを合算した計数をリスク量として認識する[*16]．

個別値合算法の特徴について，総当り法との比較の観点からみると，長所としては計算負担が相対的に小さいこと，短所としてはリスク計測領域（総当り法で例示した直方体）内の部分的なグリッドをチェックするだけであるため，正確性に欠ける可能性があることを指摘できる．

（3）　シナリオ分析法に共通の特徴点

以上の例から看取される，各種シナリオ分析法に共通の特徴として，次の諸点を指摘可能である．これらは，本項d.で解説するシミュレーション法との比較を意識した内容である．

〔長所〕

① 最大損失額を検出するだけでなく，他の様々なシナリオが実現した場合の状況を分析することもできるため，フロント・オフィスで特に有効なツールとなりうる．

[*16) この個別値合算法の変化型として，軸単位でグリッドを分析する代わりに面単位でグリッドを分析する方法もある．例えば図1.8において，IR_1軸とインプライド・ボラティリティ（IV）軸から構成される面およびIR_2軸とインプライド・ボラティリティ（IV）軸から構成される面の2つを考え，各面上でポートフォリオの最低価値を検出し，両リスク量を合算することができる．この方法は，計算負担を総当り法ほど多くすることなく，金利変動とインプライド・ボラティリティ変動との相互作用を織り込んで保守性を確保しようとするものである．

② グリッドの設定方法次第では計算負担を少なくすることができるため，多くのポジションを持つ者が素早く計算を行うニーズに応えやすい．

③ 統計的な概念が少なくロジックが単純であるため，担当外のシニア・マネジメントなどに対しても理解を促すのが容易である．

〔短所〕

① 確率的な概念（信頼区間）は，リスク計測領域の設定に活用されてはいるものの，リスク量の算出上直接には取り入れられていない（領域内で最小価値を検出しているに過ぎない）．

② リスクファクター間の相関を考慮できないため，算出されるリスク量が非現実的になりうる．

③ ②の問題に対処するために，リスクファクターの設定を人為的に調整している面があり，この意味ではリスク量の客観性に欠ける[*17]．

また，総当り法と個別値合算法の対応関係について定量的に整理すると，次のようになる．まず，簡単のために2つのリスクファクター（ゾーン）x_1, x_2 により時価 PV が決まるポートフォリオを想定すると，テーラー近似により時価の変動幅を

$$\varDelta PV \cong \frac{\partial PV}{\partial x_1}\varDelta x_1 + \frac{\partial PV}{\partial x_2}\varDelta x_2 + \frac{1}{2}\frac{\partial^2 PV}{\partial x_1^2}\varDelta x_1^2 + \frac{1}{2}\frac{\partial^2 PV}{\partial x_2^2}\varDelta x_2^2 + \frac{1}{2}\frac{\partial^2 PV}{\partial x_1 \partial x_2}\varDelta x_1 \varDelta x_2 \tag{1.4}$$

と表すことができる．このとき各方法により算出されるリスク量はそれぞれ，

$$\text{Risk（総当り法）} = \min_{\varDelta x_1, \varDelta x_2} \varDelta PV \tag{1.5}$$

$$\text{Risk（個別値合算法）} = \min_{\varDelta x_1} \varDelta PV \bigg|_{\varDelta x_2 = 0} + \min_{\varDelta x_2} \varDelta PV \bigg|_{\varDelta x_1 = 0} \tag{1.6}$$

[*17] 特にシナリオ分析法で金利リスクを扱うには，イールドカーブを分割して複数個のゾーンを設定し，それらをリスクファクターとして認識するのが一般的であるが，この場合各ゾーン内ではイールドカーブのパラレルシフトの効果しかみることができないという点でリスクの過小評価につながりうる一方，ゾーン間では相関を無視してあらゆる組み合わせの変動を想定するという点でリスクの過大評価につながる要素もある．実務的には，この2つの要素が相殺し合って現実的なリスク量となるようにゾーンの個数を設定することが望ましい．これまでのところ，短・中・長期の3ゾーンを設定する計算例が比較的多く見受けられるが，その設定が常に最良であるとの保証があるわけではない．

と表される．(1.5) 式と (1.6) 式が一致するための条件は，(1.4) 式のクロスガンマ値 ($\partial^2 PV/\partial x_1 \partial x_2$) がゼロであることである[*18]．したがって，個別値合算法は，クロスガンマ値に起因する効果を捨象する点で総当り法の近似的な計算になっている．実際のオプション商品などではクロスガンマ値が常にゼロに近いとは言い切れないが，そもそもすべてのシナリオ分析法が，リスクファクター間の相関をみられないなど一定の妥協を許した手法であることを考え合わせると，クロスガンマ値にかかる近似も許容範囲であるとの考え方も成り立ちうる．

d. シミュレーション法

ここでは，典型的なシミュレーション法として，モンテカルロ・シミュレーション法とヒストリカル・シミュレーション法を説明する[*19]．

(1) モンテカルロ・シミュレーション法

この方法（概念図，図1.9）は，(i) 各リスクファクターの将来の値が多変量（対数）正規分布に従うと仮定した上，ヒストリカル・データから各リスクファクターの分散・共分散行列を算出し，(ii) 同行列に基づき発生させた多変量（対数）正規乱数[*20]の値のセットによりグリッドを設定（グリッドの個数は所要計算精度に応じて決められる〈例えば1万個〉），(iii) 各グリッド上でポートフォリオの価値を再計算し，その中で特定の信頼区間に対応したポートフォリオの最低価値（例えば，99％の場合には1万個のうち下位100個目の価値）を検出し，それが現在の時価を下回る幅をリスク量とする．なお，(iii) での価値再計算の方法としては，大別して，プライシング・モデルにさ

[*18] ここの議論では，テーラー近似により，3次以上の高次の項の効果を捨象している．

[*19] 本章では，最も典型的な計算手順を解説するが，このほかにもバリエーションはありうる．例えば，ヒストリカル・シミュレーション法については，本章のように各グリッドで厳密に価格の再計算を行う手法のほかに，グリーク・レターに基づく感応度分析を基本としつつそれだけで捉え切れない残差の分布（正規分布を仮定）をヒストリカル・データによって推定するという手法も提案されている（東海銀行（1994）参照）．

[*20] 多変量正規乱数を発生させる最も基本的な手順を例示すると，(i) 一様乱数から各種の方法（例えばボックス-ミューラー〈Box-Muller〉法）により標準正規乱数（無相関）を多数発生させるとともに，(ii) 算出された分散・共分散行列に対しコレスキー分解と呼ばれる操作を加え（コレスキー行列の算出），(iii) 上記標準正規乱数を要素とするベクトルをコレスキー行列に乗ずることにより，相関を考慮した正規乱数ベクトルを得ることが可能．このほか，一様乱数の代わりに準乱数（low discrepancy sequences）と呼ばれる数列を利用する方法をはじめとして，計算効率を向上させるために様々な手法が開発・利用されている．

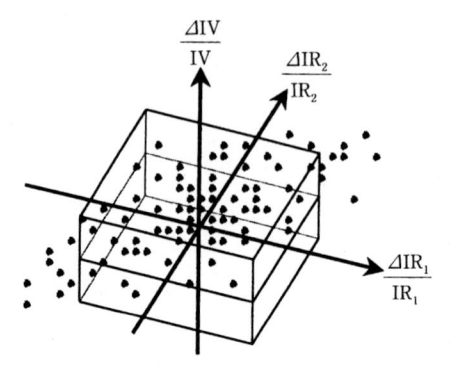

図 1.9 モンテカルロ・シミュレーション法の概念図

かのぼって計算をしなおす方法（full revaluation）と，プライシング関数をテーラー近似（通常 2 次の効果まで）することによりグリーク・レター感応度だけによって価格を計算しなおす方法の 2 種類がある．1.3.2 項における計算例は，前者（full revaluation）の方法を採用している．

（2）ヒストリカル・シミュレーション法

これは，グリッドを設定するにあたり，乱数を用いる代わりに，リスクファクターの変動に関する過去の時系列データ（$\Delta IR_1(t)/IR_1(t)$, $\Delta IR_2(t)/IR_2(t)$, $\Delta IV(t)/IV(t)$）（ただし $t_{-1} \leq t \leq t_0$．t_{-1} はヒストリカル・データのスタート時点，t_0 は同エンド時点を表す）をそのままグリッドとして利用する方法である．グリッド設定方法のほかは，モンテカルロ・シミュレーション法とまったく同様の手続きによりリスク量を算出する．

この方法の特徴点について，モンテカルロ・シミュレーション法との比較を念頭に置いて列挙すると，長所としては，①各リスクファクターの将来値が多変量（対数）正規分布に従うといったパラメトリックな仮定を前提としないため，潜在的なファット・テールの性質などを取り入れられること，②計算負担が軽いこと，③ロジックが簡単であるためマネジメント上の理解が相対的に容易であること，一方短所としては，①ノンパラメトリックな分析であるため測定誤差を抑えるには数多くの入力データが必要であるが，現実には 1 千個に満たないデータで対応せざるをえない（たとえ 1～3 年間程度の日次デー

タを利用しても1千個に満たない）こと（これは長所②の裏返し），②モンテカルロ・シミュレーション法ではリスクファクター間の相関を変化させた場合などの応用的な分析も可能であるが，ヒストリカル・シミュレーション法ではこれが困難であることなどを指摘可能である．

（3） 両シミュレーション法に共通の特徴点

以上の例からも看取されるように，両シミュレーション法に共通の特徴として次の諸点を指摘可能である．これらは，本項c.で示したシナリオ分析法との比較を念頭に置いた内容である．

〔長所〕

① 算出されるリスク量は，統計的客観性に優れている（特定の信頼区間に応じたリスク量を算出可能）．すなわち，シナリオ分析法ではリスク計測領域（図1.9でも参考までに直方体で表示）の設定いかんでリスク量が決まってしまうため，同領域外でリスクが実現する可能性を先験的に排除しているが，シミュレーション法ではリスク計測領域を特定することなく（例えば図1.9で直方体の外部にもグリッドが存在），純粋に確率的な観点から信頼区間とリスク量を結びつけることが可能である．

② 相関を考慮したリスク量を算出可能である．図1.9では，IR_1 と IR_2 の間に正の相関があるケースを例示した．

〔短所〕

① 相対的に計算負担が重く時間がかかるため，大規模なポジションを対象とする場合には注意を要する（特にモンテカルロ・シミュレーション法）．

② ミドル・オフィスでのVaR算出には有効であるが，フロント・オフィスでの活用可能性には限界がある（感応度分析や広義のシナリオ分析への応用には向かない）．

e． 条件設定などに関するバリエーション

代表的な計算方法は上記のとおりであるが，それぞれの中でも細かい条件設定などについて数多くのバリエーションがあるので，以下に列挙しておこう．これらは，非線形リスクに限らず，線形リスクを計量する上でも問題となる点である．次の1.3.2項では，計算方法の選択により同一のポートフォリオのリスクの算出結果にかなりの差が現れうることを示すが，仮に計算方法が同一で

あっても，以下の条件設定が異なれば算出結果がやはり異なる点に注意しておく必要がある．

▼　金利リスクを扱う場合，リスクファクターとしてスポットレート（ゼロレート），フォワードレートのいずれを用いるか．

どちらを採用するのが適当であるかについて一般的な答えはない（評価対象商品ごとにみれば，いずれかの方が自然であるといった程度の判断は可能だが，ポートフォリオ・ベースではそうした判断も困難になる）．1.3.2項の分析では，原則としてスポットレートを採用する．

▼　金利リスクを扱う場合，イールドカーブ上のどの期間の金利をリスクファクターとして選択するか（シナリオ分析法の場合は，どのようなゾーンに分割するか）．また，特定の期間の金利を選ぶ代わりに，イールドカーブの変動に関する主成分分析[*21]を行い，その主要因子（通常，主要な2～3因子）をリスクファクターとするという選択もある．

金利の期間の選択については，イールドカーブの中で相対的に変動しやすい短期ゾーンにより多くのグリッドを設ける場合が多い．1.3.2項の分析では，シミュレーション法について1M（1か月もの），3M，6M，1Y（1年もの），2Y，3Y，4Y，5Y，7Y，10Yと合計10個のリスクファクターを設定する．また，シナリオ分析法については，イールドカーブを3ゾーン（短・中・長期）に分割して各々をリスクファクターとする方法のほか，主成分分析に基づくリスクファクターの設定も試みる．

▼　リスクファクターのボラティリティおよび相関を得るためのヒストリカル・データとして，過去どの程度の期間までさかのぼったデータを利用するか．

1.3.2項では，シナリオ分析法について過去1年間，シミュレーション法について過去1年間および2年間の日次データを利用した計算を行う．また，保

[*21] ここでいう主成分分析とは，期間別金利のリスクファクターを適当に線形変換することにより，互いに直交した主成分ベクトルを生成し（演算としては所与の行列の固有値・固有ベクトルを算出する），これに対応する因子をリスクファクターと考える方法．金利に関するリスクファクター設定の恣意性を極力排除する上で，客観的な統計分析である主成分分析を応用し，その主要因子に対してシナリオ分析法やシミュレーション法を実行することが可能である．この場合，少数のファクターでリスクを効果的に捉えられる点が長所である．

有期間（10日間）に対応したボラティリティを算出する上で，対数正規過程の仮定に基づき日次ボラティリティを$\sqrt{10}$倍する扱い[*22]を取る．

▼ シナリオ分析法の場合，各リスクファクターの分析区間をどの程度細かく分割するか．またシミュレーション法の場合は，計算回数を何回とするか．これにより，計算の正確性と所要時間が決まる．

1.3.2項では，金利に関する各リスクファクターについて15個ずつのグリッドを設定．ボラティリティに関するリスクファクターについては，3個のグリッドを設定する[*23]．

1.3.2　テスト・ポートフォリオを利用したリスク量の比較分析

本項では，同一のポートフォリオのリスク量を異なる計算方法により算出した場合にどの程度の差が現れるかを試算・比較する．先行研究をひもとくと，異なる機関が各自の計算方法により同一のポートフォリオのリスク量を算出するといった試みは報告されているが，その場合には算出結果の差が計算方法の違いによるものか計算条件（例えばリスクファクターの分散・共分散値）の相違を反映したものであるのか判然としない．本分析では，他の計算条件をすべて同一とした上で，2種類のテスト・ポートフォリオについて，計算方法だけを変えてリスク量を算出・比較する．計算方法と計算結果の関係は，分析対象としたポートフォリオのリスク特性に依存するため，ここでの結果を直ちに一般化することは適切でない．ただ，以下のような一例をみることによって，相違のインパクトがどの程度のものであるか感覚的な理解が得られるほか，計算方法のメカニズムがどのようなかたちで結果に反映されているか検討を加えることも可能である[*24],[*25]．また，本項d.では，ベガ・リスクの扱いを巡る問

[*22] ボラティリティの算出にあたっては，この方法（いわゆるボックス・カー法の一種）のほかにも，ムービング・ウィンドウ法と呼ばれる方法などいくつかのバリエーションがある（詳細については，例えば日本銀行金融研究所（1995）を参照）．

[*23] このグリッド設定では，総当り法において全体で約1万個（15×15×15×3＝10,125）のグリッドが存在することとなる．これは，モンテカルロ・シミュレーション法（本分析では10,000回の計算）とほぼ同じ計算負荷となるように配慮したものである．

[*24] 本書では，各種計算方法ごとに所要計算時間と計算精度のトレードオフを具体的に比較することは行わない．この問題は，実務的に重要な検討課題の1つであり，Pritsker（1996），Robinson（1996）などの研究報告がある．

[*25] 本書でオプション商品のマーケット・リスクとして捕捉対象とするのは，（線形リスクのほか

題点についても整理する．

a. テスト・ポートフォリオの設定

これから評価対象とする2種類のテスト・ポートフォリオの内容は次のとおりである[*26]．

表1.1　ポートフォリオ1の個別商品内容および時価
―――想定評価日：1996年8月30日

商品種類	名目元本[*1] (百万円)	次回の 金利更改日	満期日	キャッシュフロー 間隔 (年)	行使レート	インプライド・ ボラティリティ[*2]	時価[*3] (百万円)
キャップ	−30,000	96/9/28	99/3/31	0.5	2.00%	63%	−225.0
キャップ	2,000	97/12/28	01/7/1	0.5	2.40%	42%	65.8
キャップ	−1,000	97/2/26	05/2/28	0.5	3.00%	24%	−68.1
商品種類	名目元本[*1] (百万円)	オプション 満期日	スワップ期間 (年)	スワップの受払い 間隔 (年)	行使レート	インプライド・ ボラティリティ[*2]	時価[*3] (百万円)
スワップション	−20,000	97/1/23	3	0.5	1.80%	34%	−108.8
スワップション	−30,000	97/2/10	5	0.5	3.00%	25%	−74.5
スワップション	2,000	99/6/30	5	0.5	4.00%	15%	33.3

[*1] 正の符号はオプションのロング，負の符号はショートを表す．
[*2] Bloomberg から入手．インプライド・ボラティリティの期間構造上の補間調整は，ここでは行っていない．
[*3] ブラック−ショールズ・モデルにより算出した概算値．

表1.2　ポートフォリオ1のデルタ値とガンマ値

リスクファクター金利	1m	3m	6m	1y	2y	3y	4y	5y	7y	10y
デルタ (百万円)	0	2,418	6,589	12,049	−11,141	−57,787	−14,691	−19,895	−5,285	−761
ガンマ (億円)	0	−189	−5,946	−26,793	−39,998	−42,369	−13,071	−65,206	−3,195	−270

ポートフォリオ1：本ポートフォリオは，表1.1に掲げた金利キャップ3

に) ガンマ・リスクとベガ・リスクであり，時間経過に伴う価格低下効果 (セータ効果) や割引金利の変動の影響 (ロー・リスク) は分析対象としない (実務上は，これらの効果を取り込んだリスク管理を行う例もみられる)．このほか，オプション商品を扱う場合には保有期間中に満期を迎える商品をどのように処理すべきかという問題もある (行使されるかされないかによりポジションが大きく異なる)．これは，保有期間を1日などの短期とする場合にはほとんど問題とならないが，本分析のように10日間やそれ以上の長期に設定する場合には問題となりうる．本問題を抜本的に解決するには経路依存型のシミュレーション法を採用する必要がある．本節では，前述のように時間経過に伴う効果を捨象するため，本問題にも触れない形となっている．

[*26)] デリバティブ商品を原資産種類別にみると，金利デリバティブは，連続的なイールドカーブの変化に応じて商品価格が変化することなどから，リスク管理上の技術的な論点が最も多い．そこで，以下の分析でも，試算対象として金利デリバティブを採用・分析する．

本，スワップション3本から構成される．リスク算出上，線形リスク部分は別途分散・共分散法で算出することを想定し，本ポートフォリオに対し各リスクファクターごとにデルタ・ヘッジを施したベースでVaRを計算する（ヘッジ前のデルタ値は表1.2を参照〈ヘッジ後はこれらがすべてゼロとなる〉）．リスク・プロファイルとしては，ほぼすべての期間の金利リスクファクターにおいてガンマ値が大きく負になっている点が特徴である．したがって，非線形な金利リスク（特にガンマ・リスク）が大きいポートフォリオである．

ポートフォリオ2： ポートフォリオ2は，上記ポートフォリオ1のミラー・ポジションである[*27]．すなわち，名目元本，時価，デルタ値，およびガンマ値は，ポートフォリオ1の計数と符号が逆転（絶対値は同一）するが，他の条件はすべて同一である．ポートフォリオ2についても，デルタ・ヘッジ後のリスク量をVaRとして算出する．リスク・プロファイルとしては，ガンマ値が正であるため非線形リスクは大きくないが，リスク計測区間の内部（端点以外）で最大リスクを実現する点が特徴である．

b. 非線形リスクの計算手法に関する比較分析

計算方法は，以下の8通りを採用した．すなわち，シミュレーション法として，

① モンテカルロ・シミュレーション法
（分散・共分散算出のデータ観測期間，1年間）
② モンテカルロ・シミュレーション法
（分散・共分散算出のデータ観測期間，2年間）
③ ヒストリカル・シミュレーション法
（ヒストリカル・データ観測期間，1年間）
④ ヒストリカル・シミュレーション法
（ヒストリカル・データ観測期間，2年間）

の4種類，またシナリオ分析法として，

⑤ 総当り法

[*27] ここで2種類のテスト・ポートフォリオを設定するのは分析に幅を持たせるためであるから，それらが必ずしもミラー・ポジションである必要はない（ただ，ミラー・ポジションによりリスク・プロファイルが異なるポートフォリオを設定したに過ぎない）．

(リスクファクター，イールドカーブ変動に関する3主成分)
⑥ 総当り法
(リスクファクター，イールドカーブの短・中・長期3ゾーン)
⑦ 個別値合算法
(リスクファクター，イールドカーブの短・中・長期3ゾーン)
⑧ 個別値合算法
(リスクファクター，フォワードレートのイールドカーブ3ゾーン)

の4種類である（①～⑦では，スポットレート〈ゼロレート〉のイールドカーブ上にリスクファクターを設定）．リスク量は，2つのテスト・ポートフォリオのそれぞれについて，デルタ・ヘッジ後の非線形リスクだけを対象として，

(a) トータルのリスク
(b) ガンマ・リスクのみ
(c) ベガ・リスクのみ

の3通りを算出した．計算結果は表1.3のとおりである．

計算結果の特徴点および解釈・評価をまとめると次のとおりである．

▽ トータルのリスク量をみると，2種類のテスト・ポートフォリオに対する各8種類の計算結果には，最大・最小値間でそれぞれ2.8倍，1.7倍と大きな開きがみられる．

1.3.1項で論じたように，シナリオ分析法で算出されるリスク量は計算条件の設定に強く依存しうる．この点を念頭に置くと，表1.3のトータル・リスク値の中でシミュレーション法による結果（①～④）が客観性の点で優れていると考えられる．そこでこれらを基準として各シナリオ分析法からの結果（⑤～⑧）を評価すると，ポートフォリオ1については⑤が，ポートフォリオ2については⑧がそれぞれ過大な値となっている．⑥と⑦は，このテスト・ポートフォリオに限れば妥当な水準の結果を出力しているが，同様の手法である⑤，⑧の評価と考え合わせると，別のポートフォリオに対しても常に適切な結果を出す保証はないといえる．1.3.1項で論じたように，あらゆるシナリオ分析法にはリスク量を過大評価する要素と過小評価する要素が併存しており，⑥と⑦の結果は，両効果がちょうどバランスを取っておおむね妥当な水準となった可能性がある．

表1.3 テスト・ポートフォリオのリスク量[*1]算出結果

			ポートフォリオ1[*2]			ポートフォリオ2[*2]		
			トータル・リスク			トータル・リスク		
				ガンマ分	ベガ分		ガンマ分	ベガ分
シミュレーション法[*3]	モンテカルロ・シミュレーション	①データ期間1年	145.3	120.6	73.5	53.7	0.00	61.0
		②データ期間2年	147.3	123.4	84.9	61.3	0.00	67.6
	ヒストリカル・シミュレーション	③データ期間1年	249.2	231.7	143.4	77.0	0.01	81.9
		④データ期間2年	239.7	213.4	149.0	77.0	0.00	82.3
シナリオ分析法[*4,5]	⑤3主成分, 総当り法		406.0	297.3	95.5	78.3	0.05	76.2
	⑥3ゾーン[*6], 総当り法		260.9	151.0	95.5	78.3	0.00	76.2
	⑦3ゾーン[*6], 個別値合算法[*7]		238.6	127.1	95.5	78.6	0.00	76.2
	⑧3ゾーン(フォワードレート), 個別値合算法[*7]		168.7	81.8	86.9	90.7	7.60	83.0
比較分析	最大値・最小値比率(倍)		2.8	3.6	2.0	1.7	—	1.4
	シミュレーション平均値からの乖離率(%)	最大値	107.8	72.6	32.2	34.9	—	13.4
		最小値	−25.6	−52.5	−34.8	−20.2	—	−16.7

[*1] バリュー・アット・リスク(VaR)算出値(単位, 百万円). パラメータの設定は, 信頼区間が片側99% (2.33 σ), 保有期間が10日間.
[*2] 対象ポートフォリオの内容については, 表1.1を参照.
[*3] リスクファクターは, 10個のスポットレート(期間は, 1M, 3M, 6M, 1Y, 2Y, 3Y, 4Y, 5Y, 7Y, 10Y).
[*4] シナリオ分析法では, ベガ・リスクの算出にあたってすべてのボラティリティがパラレルシフトすることを前提とした. また金利は, 各ゾーンで±2.33 σの区間に15個のグリッドを設定.
[*5] シナリオ分析法では, ゾーンの最大振幅は, 過去1年間のデータに基づき設定.
[*6] 各ゾーンは, 1年未満, 1年以上〜4年未満, 4年以上の3通り.
[*7] 個別値算出にあたってのグリッド設定は, 軸単位ではなく面単位の方法(1.3.1項脚注16参照)による.

▽ トータルのリスク量は, ガンマ・リスクとベガ・リスクを個別に算出・合算した値とは必ずしも一致しない. これは, ガンマ・リスクとベガ・リスクの間に相互作用が存在するためである(1.3.1項参照).

▽ モンテカルロ・シミュレーション法とヒストリカル・シミュレーション法を比較すると, 全体としては, 前者の方が後者より小さなリスク量となっている. これは, 前者がいわゆるファット・テールの性質を勘案できないために, リスク量を過小評価したものと推察される.

ただし, 1.3.1項で論じたように, ヒストリカル・シミュレーション法の計測誤差は必ずしも小さくないため, 後者のリスク量が過大評価された結果であ

る可能性を排除できない点には注意を要する．

▽　リスクファクターの分散・共分散算出上のデータ観測期間が異なる計算（①と②，③と④）を比較すると，1割超の大きな差が現れる例（例えばポートフォリオ2のトータル・リスクを①と②で比べる場合）もある．

▽　シナリオ分析法（個別値合算法）において，リスクファクターをスポットレートとする場合（⑦）とフォワードレートとする場合（⑧）を比較すると，算出結果に大きな差が現れた．

大小関係をみると，ポートフォリオ1では⑦が，ポートフォリオ2では⑧がより大きなリスク量となっており，これだけから一般化した議論を展開することは困難である．

c．非線形リスク・線形リスクの分離計算と統合計算の比較分析

1.3.2項ではここまで，非線形リスク部分を全体のポートフォリオから切り離して評価した上，線形リスクと単純に合算する方式（前掲図1.6の①，②に対応）を想定して分析を進めた．これに対し，ポートフォリオ全体を対象としてシミュレーション法を適用するという選択（図1.6の③）がありうることは前述のとおりである．この場合には，線形リスク部分と非線形リスク部分の間の相関が考慮され，リスクが部分的にオフセットされる点が特徴である．この効果の大小は対象ポートフォリオの性質によるので一般化した議論に適さない面もあるが，表1.4には，本節で用いた2つのポートフォリオを例として

表1.4　テスト・ポートフォリオ（デルタヘッジなし）のリスク[*1]

方法		ポートフォリオ1	ポートフォリオ2
方法①	線形リスク（分散・共分散法）	325.2	325.2
	非線形リスク（モンテカルロ・シミュレーション法[*2]）	145.3	53.7
	全リスク量（合計値）	470.5	378.9
方法③	全リスク量（モンテカルロ・シミュレーション法[*2]）	493.5	219.9
方法④	線形リスク（モンテカルロ・シミュレーション法[*2]）	364.5	298.4
	非線形リスク（モンテカルロ・シミュレーション法[*2]）	145.3	53.7
	全リスク量（合計値）	509.8	352.1

[*1]　バリュー・アット・リスク（VaR）算出値（単位：百万円）．パラメータの設定は，信頼区間が99%（2.33σ），保有期間が10日間．リスクファクターは，スポットレート・ベース．

[*2]　モンテカルロ・シミュレーション法におけるデータ観測期間は1年間．

試算した結果を掲げる．

表1.4において線形リスク部分と非線形リスク部分のオフセット効果をみるには，両リスクを同時に計算する③の結果と，分離計算を行う④の結果を比較すればよい．ここで方法④は，線形リスクおよび非線形リスクを別個にモンテカルロ・シミュレーション法により算出した上で単純合算する方法である（分離計算として，方法①でなく方法④をみる理由は後述）．これらをみると，ポートフォリオ1については，③（493.5）と④（509.8）の差が約3%と僅少であるが，ポートフォリオ2については，③（219.9）と④（352.1）の差が約60%と非常に大きい．したがって，ポートフォリオのリスク・プロファイルによってはこのようなオフセット効果を無視しえない場合があることがわかる．前掲図1.6における①や②の方法を選択するにあたっては，この点に留意する必要がある．

表1.4における方法①と方法④の相違点は，線形リスクの計算を分散・共分散法で行っているかモンテカルロ・シミュレーション法で行っているかにあり，両計算法の仮定の相違を反映してリスク量の算出結果にも違いが現れている．すなわち，分散・共分散法は，時点 t におけるリスクファクター（ここでは金利 r_t）の変動率 $dr_{t,t+T}/r_t$（ただし $dr_{t,t+T} \equiv r_{t+T} - r_t$）が正規過程[28]（$dr_{t,t+T}/r_t = \sigma dz_t = \sigma\sqrt{T}\varepsilon_t$，ただし dz_t は標準正規過程，ε_t は標準正規乱数を表す）に従うという仮定に基づく．これは，将来の金利 r_{t+T} が正規分布 $N(r_t, r_t\sigma\sqrt{T})$ に従うことを意味する．この場合，現在の円市場のような低金利下では，負の金利の出現確率を無視しえなくなるという短所がある．これに対し一般にシミュレーション法では，上記と同じ仮定を置くという選択があるほか，金利対数値の変動幅（$d\log r_{t,t+T} \equiv \log r_{t+T} - \log r_t$）が正規過程（$d\log r_{t,t+T} = \sigma dz_t = \sigma\sqrt{T}\varepsilon_t$）に従うという仮定を採用することも可能である[29]．後者の対数正規過程の場合，将来の金利 r_{t+T} が $r_t e^n$（ただし n は正規分布 $N(0, \sigma\sqrt{T})$

---

[28] 1.2節でも述べたように，本章では，議論を簡単にするため，リスクファクターの確率過程におけるドリフト項を無視できると仮定する．実務上も，リスク計測期間（保有期間）が短期の場合には，ドリフト項をほぼ無視できることが知られている．

[29] 前者の仮定と後者の仮定については，通常の代数計算上は極限的に同一であるが（$d\log r = dr/r$），本分析のように確率代数の世界では，両者の間に差が存在することが知られている（伊藤の補題）．この差の程度は，変化時間 T が十分に小さくなれば無視できるが，VaR計測のように有限期間の T を想定した計算においては，その影響を無視することはできない．

に従う確率変数）と表され，負の金利の出現可能性は排除される．この利点に着目し，本分析におけるすべてのシミュレーション法では後者の対数正規過程を採用した．表1.4における方法③との比較対象として方法①を選ぶと，オフセット効果のほかに確率過程の相違による効果も同時にみることとなるから，個別要因の分析には不適切である．このため，上記の分析では，方法③と方法④を比較分析した．

なお，確率過程の相違によるリスク量の違いについてみるには，表1.4における①と④の線形リスク量を比較すればよい．すなわち，①では両ポートフォリオともに線形リスクが325.2であるのに対し，④では364.5（ポートフォリオ1）および298.4（ポートフォリオ2）となった．2つのポートフォリオは反対取引（ミラー・ポジション）であるから，将来の金利について左右対称な分布を仮定する①では同一のリスク量が算出される（左右非対称な分布を仮定する④ではリスク量が異なる）[*30]．

d. ベガ・リスクの扱いを巡る問題点

これまでは，非線形リスクの中でもガンマ・リスクに焦点を当ててきたが，ベガ・リスクを扱う上でも検討すべき問題点は少なくない．ここでは，このうち（1）から（4）までの4つの問題を取り上げる．

（1）インプライド・ボラティリティ関連のリスクファクターの設定

為替オプションにせよ金利キャップにせよ，原資産が同一であってもオプションの満期が異なればインプライド・ボラティリティは異なる．このような期間構造をもつインプライド・ボラティリティに対して，どのようにリスクファクターを設定すべきかという問題がある．これは，金利リスクファクターについて，イールドカーブ上のどの期間（あるいはゾーン）の金利をリスクファクターとして選択するかという問題があったのと同様である．特に，スワップションや債券オプションなど原資産（フォワード・スワップ，債券）自体に期間構造がある場合には，オプションの満期に対応する期間構造と併せ，インプライド・ボラティリティには2次元の期間構造が存在することとなる[*31]．した

[*30] ちなみに，方法①と同じ確率過程を仮定した上でモンテカルロ・シミュレーション法により線形リスクを計算すると，ポートフォリオ1は328.7，ポートフォリオ2は328.2となり（ほぼ左右対称），方法①（分散・共分散法）で算出したリスク量とほぼ一致した結果となることが確かめられた．

がって，プライシングにあたっては，（場合によっては補間を行いつつ）2次元行列によりインプライド・ボラティリティを表現する．リスク計測上も，プライシングと同様に2次元の期間構造を反映させることは可能であるが，この場合リスクファクターの数が過大になるという短所がある．したがって，所要計算精度と計算時間とのバランスを念頭に置きつつ，リスクファクター数を減らす工夫が要求される．

　（2）　インプライド・ボラティリティのヒストリカル・データの信頼性

　2点目の問題は，インプライド・ボラティリティのヒストリカル・データの信頼性が必ずしも十分ではないという点である．前述のようにインプライド・ボラティリティの種類は多岐にわたる反面，各々に対応するオプション商品の市場の厚みが不十分なケースも少なくない．このため，ディーラーのクォート値や市場情報ベンダーのデータは，場合によっては推定値となっている可能性がある．こうした問題を根本的に解決するのは容易ではないが，少なくともリスク量を利用する者は，こうした限界（測定誤差）が存在している点を認識しておく必要がある．

　（3）　インプライド・ボラティリティの確率過程の非(対数)正規性

　3点目の問題は，インプライド・ボラティリティの変動は対数正規分布（または正規分布）の仮定から大きく外れている場合があるということである．例えば，図1.10 a〜cは，スポットレート（3年もの），キャップ（3年もの）のインプライド・ボラティリティ，スワップション（6か月 into 3年）のインプライド・ボラティリティのそれぞれについて，ヒストリカル・データ（評価日〈1996年8月30日〉から過去2年間分，出所はBloomberg）から各レート対数値の日次変化幅を算出し，それをヒストグラムとして表示したものである．

　仮に各レートが対数正規過程に従うならば，これらのヒストグラムはおおむね正規分布となるはずである．しかし，スポットレートが比較的正規分布に近い形状であるほかは，2種類のインプライド・ボラティリティはいずれも，過

---

*31)　オプション商品にはいわゆるスマイル構造があるため，この性質も取り込もうとするとインプライド・ボラティリティの期間構造がさらに1次元増加することとなる．フロントにおけるプライシング上は，少なくとも経験的にこの効果を織り込むが，リスク計測上はそこまで厳密な扱いは行わないのが通例である．

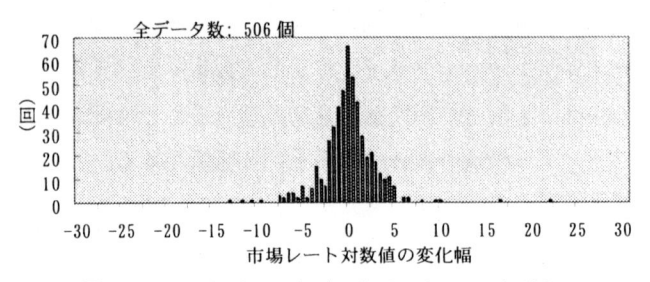

図1.10a スポットレート（3Y）データのヒストグラム

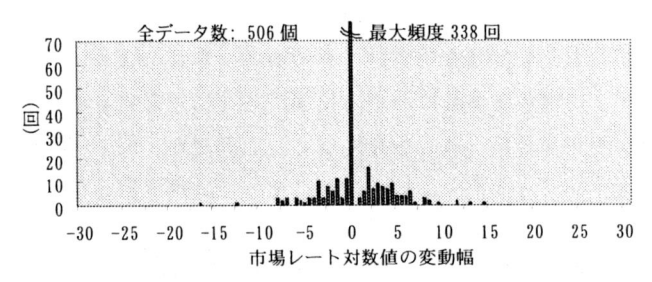

図1.10b キャップ（3Y）IVデータのヒストグラム（最大頻度338回）

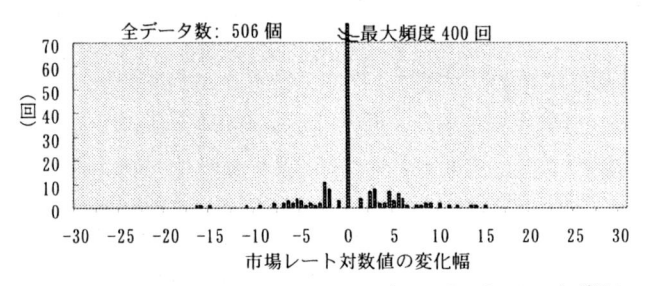

図1.10c スワップション（6M into 3Y）IVデータのヒストグラム（最大頻度400回）

全データ数：506個

半数のデータが0（すなわち元のインプライド・ボラティリティから変化がないケース）に集中し，その両側裾野部分に少数のアウトライヤーが散らばった極端にファット・テールな形状となっており，明らかに正規分布から外れている．それにもかかわらず，算出した標準偏差に例えば2.33（＝標準正規分布表における99%値）を乗じた数を信頼区間99%の変化率として認識すると，それに基づくリスク量は過小評価となる．

一例として図1.10cのデータ（インプライド・ボラティリティの対数値の

日次変動幅）を分析すると，平均値が0.1，標準偏差の2.33倍が6.6であるから，正規分布を仮定した場合の片側99%値は左右それぞれ-6.5，6.7である．一方，特定の分布を仮定せずに実際の99%値（全データ数506の1%に対応する5番目のデータ）を探すと，左右それぞれ-9.5，10.8である．したがって，正規分布を仮定した場合のリスク量は，左右でそれぞれ32%，38%だけ実際のリスク量を過小評価してしまうこととなる．

（4）インプライド・ボラティリティと原資産レート間の非線形性

ベガ・リスクの扱いにおける4点目の問題は，リスクファクターとインプライド・ボラティリティの間に非線形な関係が存在する可能性があることである．分散・共分散法やモンテカルロ・シミュレーション法においては[32]，原資産レート変動リスクとインプライド・ボラティリティ変動リスク（ベガ・リスク）を同時に分析する上で両者の相関に着目するが，そもそも相関という情報には各変数の線形な変動しか捉えられないという限界があるから，非線形な関係への対応としては不十分である．

この事情をやや具体的にみると，例えば金利（r）が大きくジャンプするような局面では（$|\varDelta r|\gg 0$），それが上下どちらの方向であっても，将来の金利の不確実性増大を背景としてインプライド・ボラティリティ（σ）は上昇する傾向がある（$\varDelta\sigma>0$）．逆に，金利の変動が小さい局面が続けば（$|\varDelta r|\sim 0$），その変化の方向とは無関係にインプライド・ボラティリティは下降する傾向がある（$\varDelta\sigma<0$）．このような性質を直観的に捉えるには，例えば簡単なモデルとして，

$$\varDelta\sigma=a(\varDelta r)^2-b \quad (a,b>0) \tag{1.7}$$

といった構造[33]を想定するとよい．この場合，観測データ（$\varDelta r,\varDelta\sigma$）は下に凸な二次曲線のまわりに分布することとなる．このデータに対し機械的に相関係数を算出すると，かえって誤解を招く結果を得ることとなりかね

---

[32] ヒストリカル・シミュレーション法のように，明示的に相関を扱わない手法では，この点は問題とならない．

[33] このモデルは，直観的理解を促すことに主眼を置いた簡単な例であるから，現実の現象を説明する上では必ずしも十分ではない可能性がある．ただ，このモデルは，ボラティリティの不均一性を決定論的に記述するGARCH/ARCHモデルの簡単な一形態となっており，本節で説明する現象の本質的な部分を捉えていると思われる．

い．こうした影響が大きい場合には，例えば (1.7) 式のようにリスクファクターとインプライド・ボラティリティ間の関係をモデル化した上でリスク[*34]を定量化するといった対応が有効であろう[*35]．

1.3.3 新たな計量アプローチ

ここまでの議論を振り返ると，非線形リスクについて VaR を計量する際には，ポートフォリオ価値の確率分布の裾野部分をいかに正確に評価するかがポイントの1つであった．対応方法としてこれまで，VaR の概念を所与として，各種の計算方法による解決を試みてきた．

それはそれで有効な対応策であるが，最近このほかに，新たな統計手法を持ち込んで対応する試みや，VaR の概念を拡張することによって対応する試みが議論され始めている．具体的には，前者は極値論（extreme value theory, EVT）の導入，後者は条件付き VaR（conditional VaR, CVaR）というリスク指標の導入である[*36]．いずれも，研究の世界で活発な議論が行われている反面，金融機関でのリスク計量実務での採用実績はまだ少ないようであるが，今後応用が進む可能性はあるし，純粋にリスク計量理論の点で興味深い問題でもあることから，以下，簡単に解説しておこう．

a．極値論（EVT）を活用した VaR 計量

EVT とは，確率変数の中で，分布の中心から大きく外れた値（極値），換言すれば分布の裾野に位置する値の振舞いに関する統計理論である．確率分布の裾野部分だけに関心がある場合，すべての確率変数データを用いて全体の分布形を推定するよりも，裾野に関連したデータだけを用いて裾野の形状だけを推定する方が効果的，という発想に基づくものである．

EVT の出発点は，一般にあらゆる連続分布について裾野を極限的評価すると，次の3種類の形状のいずれかに収斂するという定理にある（統計数理的な

[*34] この場合のリスクとは，当該モデルで捉えきれない残差の変動の不確実性として定義可能である．
[*35] 非線形な変数の扱いについては，本項の方法以外に，相関係数の概念を拡張した統計情報（コリレーション・カーブ）を活用する方法も提唱されている（Blyth (1996)）．
[*36] EVT や CVaR にまで言及した比較的新しいリスク計量の一般解説書としては，Brockhaus et al. (2000) を挙げられる．

説明は，例えば森本（2000）などを参照）．
  （1）　裾野が切断されているタイプ（ワイブル分布タイプ）
  （2）　裾野が指数関数形で表されるタイプ（ガンベル分布タイプ）
  （3）　裾野がべき分布で表されるタイプ（フレシェ分布タイプ）

　これらの特徴として，（1）から（3）の順で裾野が厚くなっていくことを指摘できる．金融資産価格の収益率の分布は，実証的に裾野が厚いことが知られており，（3）に属するパレート分布によってその裾野部分を近似可能であると考えられる．このように，パラメトリックに裾野の形状について分布形が得られれば，実証作業としては，観測されたデータから分布形のパラメータを推定することになる．

　これは，一見，モンテカルロ・シミュレーション法などによってノンパラメトリックに裾野部分を評価するより効率的に思われよう．ところが，EVT を実際に適用するにあたっては，裾野に属するデータ（極値データ）をどのように定義づけるか，具体的には，確率分布において裾野部分と非裾野部分を分ける閾値をどのように設定するかという問題がある．この閾値が的確に定められるならば，最尤推定値（Hill 推定量として知られている）を容易に計算できるが，現実には，閾値の決定が容易ではない．さらに，閾値を変えると，パラメータの推定値も大きく変化してしまうこともわかっている．そこで最適な閾値を客観的に決定する方法がいろいろと研究されている（例えば，ダニエルソン・森本（2000）などを参照）．本書では，具体的方法論には立ち入らないが，この問題を解決すれば，EVT によって，確率分布の裾野をより的確に評価できる可能性があり，高い信頼区間における VaR を計量する上で有効な手段となりえよう．例えば，ダニエルソン・森本（2000）は，日本市場の金融データの実証結果として，EVT を利用した VaR 計算の方が，分散・共分散法や GARCH モデルを利用した VaR 計算よりも望ましい可能性があると報告している．

　ただし，EVT にはまだ弱点がある．例えば，多変量確率分布への適用についてはいまだに十分な研究が進んでいない．また，EVT の適用にあたり実務的に十分な観測データを用意するのは必ずしも容易ではないといわれているなど，今後に残された課題は多い．

b．条件付きバリュー・アット・リスク（CVaR）

　CVaRとは，一定の信頼区間のVaR値以上に大きな損失が発生するという条件下における，損失額の期待値である．換言すれば，VaR値によって定義したショートフォールについての期待損失額である．このため，CVaRは，期待ショートフォールと呼ばれることもある．

　CVaRが注目されている理由として，ここでは2つの主要な利点を述べておこう．

　第1に，実務的な立場からみると，従来のVaRでは特定の信頼区間のリスクを客観的に評価することはできても，それを上回る深刻なリスクが顕現化した場合にどれほどの損失が発生しうるかという情報は何ら与えてくれなかった．損失額の確率分布上で，信頼区間より先の裾野の形状には無関心であったわけである．これに対し，CVaRは，信頼区間より先の裾野に関する情報（具体的には，条件付き期待値）に焦点を当てるという意味で，新たな情報価値を持つ．この点で，CVaRは，従来のVaRを代替するリスク指標ではなく，VaRを補完するリスク指標として実務上の活用が展望されよう．

　第2に，極めて理論的な問題であるが，一般にリスク指標が満足することが望ましいとされるいくつかの性質の中で，劣加法性について，従来のVaRはこれを満たさない一方，CVaRはこれを満たすことが知られている．劣加法性とは，個別ポジションのリスク量の和が全体のポジションのリスク量を必ず上回る，という性質である．直観的にいえば，「リスク指標はポートフォリオ分散によるリスク削減効果を織り込むべきである」という要請であると解釈できる．このように，CVaRは，理論的な視点から望ましい性質を備えたリスク指標であるといえる．ただし，VaRが一般には劣加法性を満たさないという事実が実際にリスク計量実務において重大な問題を引き起こすかというと，むしろほとんど問題にはならない場合が多いというのが実状だろう．したがって，結論としては，前述の第1の利点を考慮して，VaRとCVaRの併用によって，より的確なリスク計量を目指していくという流れが予想される．

1.4 流動性リスクを考慮したマーケット・リスクの計量[*37]

1.3節までの議論においては，VaRによってポートフォリオのマーケット・リスクを計量する上で市場に十分な流動性があり，保有する金融商品が短期間に市場の中値で売却可能であることを暗黙の前提としてきた．しかし，1997年10月のアジア危機，1998年8月のロシア危機などの経験は，マーケットのストレス時には流動性が枯渇してしまい，ビッド・アスク・スプレッドが著しく拡大し，意図したとおりにポジションを手仕舞うことができないまま価格の下落に直面するリスクが現に存在することを知らしめた．また，ストレス状態に陥らない場合であっても，大量のポジションを短期間で売買しようとすれば，自らの注文によって価格が好ましくない方向へ変化するというマーケット・インパクトが発生する．1.4節では，これらの問題を勘案するために従来型のVaRに改良を加え，流動性リスクを考慮した「修正VaR」を算出する理論的枠組みを紹介する．具体的には，Subramanian and Jarrow (1998) による方法（SJモデル）と，Lawrence (1996) および Robinson (1995) による方法（LRモデル）を紹介する．これらの枠組みでは，個々の投資家の取引が価格に与える影響（マーケット・インパクト）を考慮した最適執行戦略が導出され，この最適執行戦略に従って保有ポジションの流動化を完了させるまでの間にどの程度の損失を被る可能性があるかによって修正VaRが算出される[*38]．本節の内容は，いずれも試論的なモデルを紹介するもので，必ずしも確立された分析方法とまではいえないが，今後の研究の発展を展望する上で有益な考え方であると思われる．

[*37] 1.4節の内容は，小田・久田・山井（2000）の一部をもとに加筆・修正を施したものである．共同研究成果を本書で利用することをご快諾下さった久田祥史氏と山井康浩氏に感謝申し上げる．

[*38] 修正VaRを実際のリスク量算定に適用するには，①マーケット・インパクトの定式化，②金融商品間の相関の取扱い，③マーケット・ストレスの取扱いなど，解決すべき実務上の問題点が存在する．今後，流動性リスクの評価を実用化させるために，これらの分野での理論・実証両面にわたる研究の発展が期待される．

1.4.1 修正 VaR 計量の枠組み

従来型の VaR を修正する最も簡便な対応として,既に一部の金融機関で取られている方法は,各商品の流動性に応じて保有期間を設定した上で 1.2 節ないし 1.3 節の方法に従って VaR を算定するアプローチである.この方法には,実務上の簡便性といったメリットがある一方で,保有期間をディーラーの経験や勘に頼って主観的に決めざるをえないことから恣意性が入り込む余地があるといった問題がある.そこで,VaR をより客観的に算定するために,流動性リスクを明示的に考慮した修正 VaR を算定する方法が研究・考案され始めている.各種先行研究は,大別して以下の 2 種類に分類可能である.

(1) マーケット・インパクトを考慮した算定

個々の投資家の取引が価格に与える影響(マーケット・インパクト)を考慮した最適執行戦略(optimal execution policy)を導出し,これをもとに,流動性リスクを考慮した修正 VaR を算定する.具体的には,売却の意思決定を行ってから最適執行戦略に従って保有ポジションの流動化を完了するまでの間に,どの程度の損失を被る可能性があるかによって修正 VaR を算定する(Subramanian and Jarrow (1998), Lawrence (1996), Robinson (1995)).

(2) ビッド・アスク・スプレッド変動を外生的に取り入れた算定

マーケット・インパクトのメカニズムには立ち入らず,ビッド・アスク・スプレッドの変動を過去のデータに基づき確率的挙動として定式化する.これにより,中値の変動に起因するリスクのみを認識していた従来型の VaR に,ビッド・アスク・スプレッドの変動から生じるリスクを加える(Bangia, *et al.* (1999), 大澤・村永 (1998)).

(1)の方法は,自らの取引行動が売買価格ひいては自己の損益に跳ね返るメカニズムを取り込んでいるという点で,内生的アプローチと呼ぶことができる.一方,(2)の方法は,自らの取引行動には関わらない市場全体の変動が自己の損益に与える影響を分析するという点で,外生的アプローチと呼ぶことができる[39].これらは,互いに排他的ではなく,それぞれの重要性は市場や投資家の性質に依存している.例えば,先進国通貨の為替市場では,市場が非常に厚く,個々のトレーダーが市場価格に与える影響は相対的に小さいと考え

---

[39] 内生的・外生的アプローチという分類は,Bangia, *et al.* (1999) による.

1.4 流動性リスクを考慮したマーケット・リスクの計量

```
┌─────────────────────────────┐
│ ①  マーケット・インパクトの定式化 │
└──────────────┬──────────────┘
               ↓
┌─────────────────────────────┐
│ ②  最適執行戦略の導出           │
└──────────────┬──────────────┘
               ↓
┌─────────────────────────────┐
│ ③  流動性を考慮した修正 VaR の算定 │
└─────────────────────────────┘
```

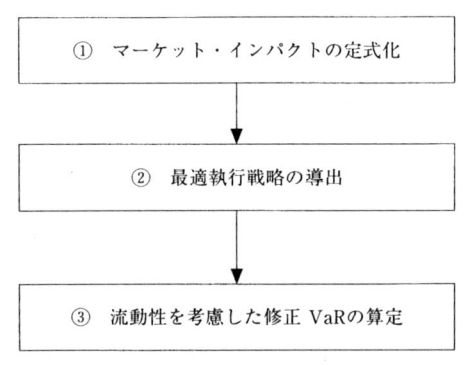

図 1.11　流動性リスクを考慮したマーケット・リスク計量化の枠組み

られる．この場合，外生的アプローチにより十分に正確なリスク評価が可能である．一方，特定の金融商品について，取引残高に占める自己保有高の割合が高く，マーケット・インパクトが無視しえない場合には，内生的アプローチを採用する必要がある．以下では，より一般的な枠組みである内生的アプローチの基本的な枠組みを解説する．

後述の SJ モデルおよび LR モデルに共通する内生的アプローチの枠組みでは，図 1.11 に整理したように 3 つのステップを踏んで，流動性を考慮した修正 VaR の算定を行う．以下，これらのステップを順にみていこう．

まず，マーケット・インパクトは，一般に，以下の 3 つの要因によって説明される．

① 需要曲線の弾力性：　ある証券に対し，リスク・リターン・プロファイルや商品性などの面で完全に代替的な証券が存在しない限りは，証券の需要曲線は水平ではなく，一定の勾配を有する．したがって，追加的な売却を行うには，価格を引き下げていく必要がある (Mikkelson and Partch (1985))．

② 情報の非対称性：　個々の投資家の取引行動が私的情報のシグナルとして市場に受け取られる場合，売却取引は市場参加者の期待を変え，均衡価格を下押しする (Mikkelson and Partch (1985), Kraus and Stoll (1972))．

③ 即時性 (immediacy) に対する対価：　買い手を即座にみつけるのが難しい環境では，売却の相手となるディーラーは在庫コストやサーチ・コストを

払ってマーケット・メイクを行っている．このコストは売り手に転嫁されるため，コストに応じて売却価格が引き下げられているはずである（Demsetz (1968), Kraus and Stoll (1972), Stoll (1978), Ho and Stoll (1981)）．

このように，マーケット・インパクトは多様な要因により決定されるため，これを定式化するのは容易ではない．このため，定式化の方法に一定のコンセンサスが得られているわけではなく，学界・実務界でも様々なアプローチが試みられている[*40]．例えばSJモデルとLRモデルでは，マーケット・インパクトの定式化に対してそれぞれ異なるアプローチをとっている．すなわち，SJモデルでは，上記の①，②の効果を念頭において，取引量が市場価格に直接的にインパクトを与えるとして定式化を行っている．一方，LRモデルでは，取引量に応じてビッド・アスク・スプレッドが拡大・縮小するという形でマーケット・インパクトの効果が定式化されており，後述するように上記③の効果を反映させていると考えられる．

マーケット・インパクトのメカニズムをモデル化した後には，動学的計画法（dynamic programming）などの最適化手法を用いて最適執行戦略（optimal execution policy）が導出される．一般的に，投資家は次の①から③のトレードオフに直面しており，最適執行戦略は，こうしたトレードオフの中での最適解として導出される．

① 執行を遅らせて売却ロットを小さくすることでマーケット・インパクトに伴う売却価格の低下を抑制することができる．
② 一方，執行を遅らせると，その間より多くのマーケット・リスクにさらされる．
③ また，ディーラーの固定費用などにより，取引コストに規模の経済効果が存在する場合，売却ロットを小さくすることで単位取引量当たりの取引コストが逓増，全体の取引コストが増加してしまう．

SJモデルでは，執行戦略の最適化問題を，期待売却額の最大化問題として

[*40] 一部の企業などでは，顧客のポートフォリオ運用支援などを目的にマーケット・インパクトの計量モデルを開発，これを機関投資家などに販売する動きもみられている．こうしたモデルの概要としては Torre (1998), Torre and Ferrari (1998) 参照．また，このほか実証分析の最新の試みとしては，ニューラル・ネットワークを用いて非線形回帰分析を試みた Kempf and Korn (1999) が挙げられる．

定式化し，動学的計画法を用いて解を導くアプローチを提示している．一方，LR モデルにおいては，執行を遅らせることに伴うコストをヘッジング・コスト（システマティック・リスクを指数先物などによりヘッジする上で必要なコスト）およびエクスポージャー・コスト（ヘッジの対象となっていない個別リスクにさらされることによるコスト）として認識する一方，執行を早めることに伴うマーケット・インパクトをビッド・アスク・スプレッドの拡大による取引コストとして定式化し，これらすべてのコストの合計を最小化する問題を解くアプローチを提示している．

最適執行戦略を得た後には，流動性リスクを考慮した修正 VaR を算定できる．具体的には，最適執行戦略に基づいて売り注文を行い保有ポジションの流動化を完了するまでの間に，市場変動によりどの程度損失を負う可能性があるかを修正 VaR として算定する．SJ モデルでは，最適化問題の解として導出された最適執行戦略に基づいて修正 VaR を算定する一方，LR モデルでは，コスト最小化問題から得られた最適保有期間に基づき修正 VaR を算定する．

以下では，具体的に SJ モデル（1.4.2 項）および LR モデル（1.4.3 項）を説明する．

1.4.2　スブラマニアン-ジャロー・モデル（SJ モデル）

SJ モデルでは，流動化すべきポジションと流動化しなければならない期限が与えられた時，どのようなスケジュールで売却を進めれば合計売却価格を最大化できるかという問題を解く形で最適執行戦略を導出する．その際，マーケット・インパクトの効果を取り入れるほか，取引量に応じて取引注文から執行までに時間的ラグが存在し，その間に価格変動リスクがあることも勘案する．

まず，モデルの設定をみていこう．時刻 t での市場価格を $p(t)$ とし，これを無リスク金利 r で割り引いた時点 0 での現在価値を $P(t) \equiv p(t)e^{-rt}$ とする．市場価格の変動は幾何ブラウン運動に従うとすると，$W(t)$ をウイナー・プロセスとして，$P(t)$ は次の確率微分方程式に従う[*41]．

$$dP(t) = P(t)(\mu dt + \sigma dW(t)) \quad \text{ただし} \quad \mu = \alpha - r \qquad (1.8)$$

[*41] 市場価格 $P(t)$ に関する確率微分方程式は次のとおりである．
$dp(t) = p(t)(\alpha dt + \sigma dW(t))$ ただし α は定数，σ は $\sigma > 0$ である定数．

α は市場価格の期待収益率, σ は市場価格のボラティリティ, μ は超過期待収益率である. ここでは, α, σ, μ ともに一定であることが仮定されている.

マーケット・インパクトは以下のようにモデル化される. 時刻 t で取引量 s の売却を行うケースを考えよう. 取引直前の市場価格(現在価値ベース, 以下同じ)は $P(t)$ であるが, マーケット・インパクトにより実際の売却価格はこれを下回る. 取引量 s についての平均売却価格 $P(t^+)$ を

$$P(t^+) = c(s)P(t) \quad \text{ただし} \quad 0 \leq c(s) \leq 1 \tag{1.9}$$

と表す. $c(s)$ は, マーケット・インパクトの程度を表す乗数であり, 売却取引については $c(s) \leq 1$ が成り立つ[*42]. さらに, 取引注文から執行までの時間的ラグ(執行ラグ)は1回ごとの取引量 s の関数 $\varDelta(s)$ として定式化する. 時刻 t で取引量 s の売却を行う場合, 実際にその取引が執行されるのは時点 $t + \varDelta(s)$ となり, また, $\varDelta(s)$ は s の増加関数として定義される.

これらの設定の下で, 最適執行戦略を導出し, 修正 VaR を算定していく. まず, 流動化しなければならない期限を時刻 T とし, 流動化しなければならない全ポジションを S とする. 例えば, 10日後までに債券を1000枚売らなければならない状況($T = 10$ 日, $S = 1000$ 枚)を想定する. 1日目にすべて売却してもよいし, 100枚ずつ10日間で売ってもよいが, 取りうるすべての流動化スケジュールの中で, 最も期待合計売却額が大きいプランを選択すると考える.

ここでは, 投資家は売却の頻度(n), 売却時点(t_i), 1回ごとの売却額(s_i)をそれぞれ選ぶことによって最適執行戦略を導出するものとする. すなわち, 関数 $c(s)$ および $\varDelta(s)$ を所与として, 以下の(1.10)式を最大化するような変数 $\{n, (t_i, s_i)\ i = 1, \cdots, n\}$ を求める.

$$\max_{s_i, t_i, n} \left\{ E_{P, S, 0} \left[\sum_{i=1}^{n} s_i c(s_i) P(t_i + \varDelta(s_i)) \right] \right\} \tag{1.10}$$

$$\text{ただし } i = 1, \cdots, n \text{ に対して } s_i \geq 0, \quad \sum_{i=1}^{n} s_i = S$$

$$0 \leq t_1 \leq t_2 \leq \cdots \leq t_n \leq T, \quad t_{i+1} - t_i \geq \varDelta(s_i)$$

[*42] 取引を行わない時は $s = 0$ である. 取引を行わなければ, マーケット・インパクトは存在しないため掛け目である $c(0)$ は 1 である.

1.4 流動性リスクを考慮したマーケット・リスクの計量

ここで，$E_{p,s,0}[\cdot]$ は時刻 $t=0$, $P(0)=p$, ポジション量 S に対する条件付き期待値を表す[*43]．最適執行戦略 $\{n^*, (t_i^*, s_i^*)\ i=1,\cdots,n^*\}$ は，この最適化問題の解として得ることができる．ただし，一般的には解析的に解くことはできず，数値計算により解を導出することが必要となる．Subramanian and Jarrow (1998) は，動学的最適化などの手法を用いてこの最適化問題を解く手法[*44]を提示している．

最後に，上記の枠組みで最適執行戦略を得たとして，修正 VaR を算出する考え方を示す[*45]．まず，δ を保有期間として，従来型の VaR（信頼区間 97.5％の例）は次のように定義される．

$$\text{VaR} = \left| SP(0) \left[E\left[\log \frac{P(\delta)}{P(0)} \right] - 2STD\left[\log \frac{P(\delta)}{P(0)} \right] \right] \right| \quad (1.11)$$

ここで，$STD[\cdot]$ は標準偏差を表す．右辺第1項は，保有期間中の期待収益に相当し，第2項は同期間中のダウンサイド・リスクに相当する．ここでは δ 期間後にすべてのポジションを一括売却するような執行戦略が暗に想定されている．これを修正 VaR に変換するためには，保有ポジションの売却額を最適執行戦略に基づいたものに置き換えればよい．すなわち，時点 t_i^* ($1 \le i \le n$) でポジション s_i^* の売却注文を出し，それが時点 $t_i^* + \Delta(s_i^*)$ で取引される場合の期待収益およびダウンサイド・リスクを考えると，修正 VaR は，

[*43] ここで期待効用ではなく期待売却額の最大化として定式化していることは，市場参加者のリスク選好の中立性を仮定しているのと同値であることに留意する必要がある．しかし，後にも述べるように，Subramanian and Jarrow (1998) では，効用関数が指数関数である場合にも同様のフレームワークで分析ができることが示されており，限定的ながら，リスク選好がリスク回避的である場合も同様の分析が行えることがわかっている．

[*44] 具体的な解法は Subramanian and Jarrow (1998) を参照．

[*45] ここで示す考え方は独自に整理した内容であり，必ずしも Subramanian and Jarrow (1998) で明示されているものではないことを断っておく．ちなみに，Subramanian and Jarrow (1998) では，リスク計量の正確性よりも保守性を重視するとして，期待売却額が最小となる戦略である期初での一括売却を行う場合に負うリスクを修正 VaR と定義し，

$$\text{VaR}_{\text{LIQ}} = \left| P(0) \left[E\left[\log \frac{P(\Delta(S))c(S)}{P(0)} \right] - 2STD\left[\log \frac{P(\Delta(S))c(S)}{P(0)} \right] \right] \right|$$

という結果を導いている．これに対し，本項ではリスクをより正確に計量する場合の枠組みを提示した．

$$\mathrm{VaR_{LIQ}} = \left| SP(0) \left[E\left[\log \frac{\sum_{i=1}^{n^*} s_i^* P\left(t_i^* + \Delta\left(s_i^*\right)\right) c\left(s_i^*\right)}{SP(0)} \right] \right. \right.$$

$$\left. \left. -2STD\left[\log \frac{\sum_{i=1}^{n^*} s_i^* P\left(t_i^* + \Delta\left(s_i^*\right)\right) c\left(s_i^*\right)}{SP(0)} \right] \right] \right| \quad (1.12)$$

となる．ここで，マーケット・インパクトの効果は，関数 $c(s^*)$ によって取り入れられている．(1.12) 式の右辺は（対数）正規分布のような既知の確率分布では特徴づけることができないため，一般にモンテカルロ・シミュレーションによって算出する必要がある．

1.4.3 ローレンス-ロビンソン・モデル（LR モデル）

LR モデルでは，SJ モデルとは異なるアプローチがとられている．まず，保有ポジションを流動化するのにかかるコスト（これを流動化コストと呼ぶ）を定式化する．マーケット・インパクトの効果は，この流動化コストの一部である取引コストの中に取り込まれている．一方，最適執行戦略は，売却の意思決定を行ってから執行が完了するまでの期間である執行期間によって規定されると仮定する[*46]．流動化コストを最小化する執行期間を算定することによって最適執行戦略を導き，従来型の VaR の保有期間をこの最適な執行期間で置き換えることにより，修正 VaR を算定する．

具体的にみていこう．LR モデルでは，流動化コストが以下の3種類のコストから構成されると定式化している．

① 取引コスト：売却を行う際にかかるコスト．主にビッド・アスク・スプレッドと業者への固定手数料から構成される[*47]．

[*46] 実際には，最適執行戦略を規定するためには，1回ごとの売却ロットや売却タイミングなども決定する必要があり，必ずしも執行期間のみによっては戦略は一義的に定まらない．しかしながら，例えば毎期同じ量のロットで売却を進めるなど，執行戦略に関してあらかじめ一定の制約を置くことによって，執行期間のみで執行戦略を規定することができる．この点に関する LR モデルの前提は明確でないが，暗黙のうちにこうした前提が置かれているものと考えられる．

② ヘッジング・コスト： 売却の意思決定を行ってから売却が完了するまでの間，エクスポージャーの一部をヘッジするためにかかるコスト．

③ エクスポージャー・コスト： 上記エクスポージャーのうち，ヘッジを行わなかった部分がさらされるマーケット・リスクをカバーするのに必要なコスト．

以下では，これらのコストについて順を追って解説する．繰り返しになるが，LR モデルに関する公表資料では，モデルの詳細について必ずしもすべてが明らかにされているわけではない．そこで，モデルの不明な部分を補うために，筆者が独自に推量を加えて解説を行っていることにご留意いただきたい．

（1） 取引コスト

市場参加者にとっての取引コストにはビッド・アスク・スプレッド，取引業者手数料，税金など，様々な要素が考えられる．LR モデルにおいては，このうち，(i) ディーラーの固定費用などによる規模の経済効果のため，一定の取引量までは平均取引コストが減少すること，(ii) 一定の取引量を超えるとマーケット・インパクトのために平均取引コストは再び上昇すること，の 2 点に

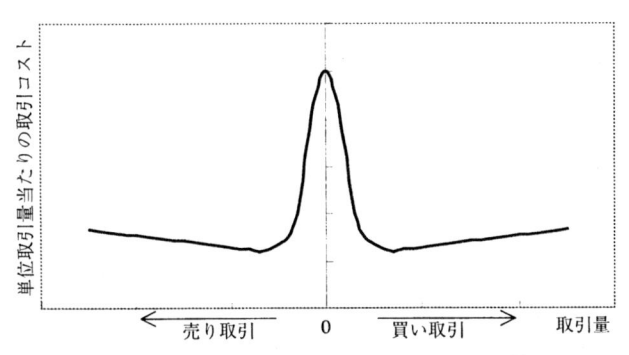

図 1.12 単位取引量当たりの取引コストと取引量

[*47) 取引コストを明示的（explicit）取引コストと潜在的（implicit）取引コストに分類すると，ここではその両者を考えていることになる．ここでいう明示的取引コストとは，市場参加者からみて取引を執行する際にいくらかかるか事前にわかっているコストであり，一方，潜在的取引コストは，情報の非対称性などにより事前に正確な金額がわからないコストである．業者への固定手数料は明示的取引コストであり，ビッド・アスク・スプレッドの変動は不確実であるため，潜在的取引コストである．

着目する．この性質を踏まえ，単位取引量当たりの取引コストが図1.12のように取引量に対して凹性を持つ関数であると仮定する[*48]．

この単位取引量当たりの取引コストが推定できたとすると，特定のポジションの流動化が完了するまでにかかる取引コストの合計値（T で表す）が次のようにして計算される．まず w を1回当たりの取引量とし，推定した単位取引当たりの取引コスト関数を $f(w)$ とすると，一度の取引にかかる取引コストは $f(w)w$ となる．次に簡単のために，1日に一度，一定額 a の取引を行うと仮定する[*49]．保有ポジションを v とすると，v を流動化するのに必要な期間（つまり保有期間）d は，$d=v/a$ となる．これは，逆に1回当たりの取引量 a は $a=v/d$ であることを表している．これを d 日間行うから，保有ポジション v の流動化にかかる合計取引コストは，$T=f(v/d)\cdot(v/d)\cdot d=f(v/d)\cdot v$ となる．以上からLRモデルでの取引コストは，保有ポジション v と保有期間 d の関数として，

$$T=T(d,v) \tag{1.13}$$

と表される[*50]．

（2）ヘッジング・コスト

ヘッジング・コストは，取引執行を先延ばしすることに伴う価格変動リスクのうち，システマティック・リスクをヘッジする場合にかかるコスト[*51]であ

[*48] この仮定の背景には，ディーラーの最適化問題からビッド・アスク・スプレッドやマーケット・インパクトを説明しようとする在庫モデル（inventory model, O'Hara (1995) pp.13-52参照）の考え方があると思われる．こうした在庫モデルの先駆的研究であるStoll (1978)では，証券を買い取ることに伴う在庫リスクやディーラー業を営むための固定費用，ビッド・アスク・スプレッドによる利鞘収入を考慮したディーラーの最適化行動の結果，ビッド・アスク・スプレッドは取引量に対して凹性を持った関数になることが示されている．

[*49] ここでは，簡単化のために均等売却を前提として議論を進めるが，執行期間のみで執行戦略が規定されるよう執行戦略に関してあらかじめ一定の制約が置かれているのであれば，均等売却でなくとも，取引コストが保有ポジションと執行期間で表されるという結論は変わらない．

[*50] LRモデルでは，通常の市場における取引量をノーマル・マーケット・サイズ（normal market size, *NMS*），ビッド・アスク・スプレッドを s として定義し，取引コストが $T=T(s,NMS)$ で表されるとしている．しかしながら，*NMS* の定義が明確でないほか，s および *NMS* とも個々の投資家が影響を与え得ない市場全体の計数であり，この関数の形では個々の投資家のマーケット・インパクトがコストに反映されていないことになり，モデルの前提と矛盾が生じることとなってしまう．このため，本項ではこの原資料の定式化は採用せず，筆者が独自に考察した内容を議論することとする．

[*51] 例えば，イニシャル・マージンやメンテナンス・マージンのコストが考えうる．

る[*52]．例えば，日本株のポートフォリオのシステマティック・リスク（一般マーケット・リスク）をTOPIX指数先物などを使ってヘッジする場合などを想定できる．ヘッジのサイズは，ベータ値[*53]（β）および保有ポジションvによって決定される．ヘッジング・コスト（Hで表す）はヘッジ・サイズに応じて決まることから，次のように定義される．

$$H = H(v, \beta) \tag{1.14}$$

（3）エクスポージャー・コスト

保有ポジションの価格変動リスクのうち，上記ヘッジの対象となっていないアンシステマティック・リスク（個別リスク）に対しては，潜在的損失の発生をカバーするリスク・キャピタル（VaR相当額）を用意する必要がある．エクスポージャー・コストはこのキャピタルの資本コストとして定義することができる．したがって，エクスポージャー・コスト（Eで表す）は，VaRを規定する各種変数，すなわち保有期間d，リスクファクターの相関行列Σを用いて，

$$E = E(d, v, \Sigma) \tag{1.15}$$

と定義される．

以上では，流動化コストを①取引コスト，②ヘッジング・コスト，③エクスポージャー・コストに分類した．よって，(1.13)～(1.15)式を用いて流動化コスト（Cで表す）は，

$$C = T + H + E \tag{1.16}$$

と表される．取引コストを低減させるためには，小規模な取引を長期間にわたって行うことが好ましい．一方，これにより長期間にわたりマーケット・リスクにさらされる分，エクスポージャー・コストが増加する．最適執行戦略は両者のトレードオフにより決定される．これを定式化すると，流動化コストを最小にする取引期間（最適保有期間）は

[*52] ここで，LRモデルでは，ヘッジの対象がシステマティック・リスクに限定されることが仮定されている．一般的には，ヘッジの対象をシステマティック・リスクに限定する必要はない．しかしながら，例えば株式ポートフォリオを想定した場合，ヘッジのための手段として最も流動性が高くコストが低いのは市場指数に連動した先物・オプションであり，この点でシステマティック・リスクにヘッジの対象を限定するのも妥当といえる．

[*53] 市場ポートフォリオの投資収益率の変動に対する当該証券の反応度．

$$\frac{\partial C}{\partial d} = \frac{\partial}{\partial d}(T+H+E) = 0 \qquad (1.17)$$

を満たす解d^*として求められ，それによって最適執行戦略が規定される．修正 VaR を求めるには，従来型 VaR での保有期間を，先ほど求めた最適保有期間 d^* で置き換えればよい（この考え方は，SJ モデルの枠組みとほぼ同じである）．

Robinson（1995）では，ひとつの計算例として，英国企業株式の修正 VaR の計算を行っている（表1.5）[*54]．

表1.5 修正 VaR（例）

	ポジション額 （千£）	最適 保有期間 （日）	従来の VaR （保有期間1日） （千£）	修正 VaR （千£）
流動性が高い A 社株	1,000	0.34	29	41
〃	100	0.07	2.9	1.9
流動性が低い B 社株	100	49	4.0	31

表1.5によると，流動性対比でみて大きな(小さな)ポジションをとっているポートフォリオについては，従来の VaR は過小(過大)評価することがわかる．例えば，流動性が高い A 社株についてみると，ポジション額が100千£の場合は従来の VaR（2.9千£）が修正 VaR（1.9千£）に比べ過大評価となっている一方，ポジション額が1,000千£の場合は従来の VaR は過小評価となっている（従来の VaR 29千£，修正 VaR 41千£）．また，従来の VaR ではポジションが10倍になるとリスク量も10倍であるのに対し，修正 VaR では，マーケット・インパクトのために保有期間が長期化することから，ポジションが10倍になるとリスク量はそれ以上に増大することがわかる．例えば，A 社株についてみると，ポジション額が1,000千£の場合の修正 VaR（41千£）は，ポジション額が100千£の場合の修正 VaR（1.9千£）の約21倍となっている．

[*54] この計算例の計算方法の詳細は示されておらず，計算方法の妥当性などの検証を行うことは不可能であるが，ここでは，LR モデルの概要を理解するとの観点から，この計算例を紹介することとした．

1.5 終わりに

　一般に，リスクの計量手法には様々なバリエーションがある．個々の手法にはそれぞれに長・短所があるから，画一的な優劣評価には馴染まない．重要な点は，第1に，計量目的および分析対象の性質に応じて最適な計算手法が選択されているかどうかである．また，第2に，選択したリスク計量モデルの前提となっている諸仮定を明確にし，算出されるリスク量が持つ意味や限界を正確に認識することが不可欠である．非線形リスクのVaRや流動性リスクを算出する場合はもちろん，第2章で解説する信用リスクにしても，さらに将来的な課題とされるオペレーショナル・リスクについても，計算手法のバリエーションが極めて多い上にモデルの構造が複雑化し，同時にデータの不確実性が増加する傾向があるから，十二分な注意が必要となる．さらに，これらの点については頭の中で理解するだけでは不十分であり，数字の上でのインパクトを体得しておくことが望まれる．これを達成するには，現実の金融取引のリスク特性に通じるとともに，モデルを介したリスク計量の感覚を養う必要もあり，決して容易なことではない．金融機関のリスク・マネージャーであれ，監督・モニタリングを行う立場の者であれ，リスク量という数字を解釈するには慎重な姿勢を忘れてはならない．

　第1章は，これらの課題に応えるための基礎的な情報提供を目的として，マーケット・リスクを題材に，方法論のレビューおよびリスク量の試算などを行った．現時点で得られる情報をできる限り包括的に集約することを企図したつもりであるが，そもそもリスク管理の技術は日進月歩で進化していることから，今後も不断のフォローアップが必要であろう．

参 考 文 献

大澤　真・村永　淳，「マーケット・リスク算出の枠組みにおける流動性リスクの計測」，IMES Discussion Paper Series, No. 98-J-2, 日本銀行金融研究所，1998.
小田信之，「非線形なフィナンシャル・リスクの定量化について」，IMES Discussion Paper Series, No. 96-J-19, 日本銀行金融研究所，1996.
小田信之・久田祥史・山井康浩，「流動性リスクの評価方法について：理論サーベイと実用

化へ向けた課題」,『金融研究』,第19巻第1号, 日本銀行金融研究所, 2000年3月.

ダニエルソン, ジョン・森本祐司,「市場リスクの予測について—EVTとGARCHモデルを用いたバリュー・アット・リスク算定の比較分析—」,『金融研究』, 第19巻別冊第2号, 日本銀行金融研究所, 2000年9月.

東海銀行,「東海銀行の『コリレーションモデル』」,『日経金融新聞(金融フロンティア)』, 1994年6月22日.

日本銀行金融研究所,「バリュー・アット・リスク(Value at Risk)の算出とリスク／リターン・シミュレーション」,『日本銀行月報』, 1995年4月.

森本祐司,「金融と保険の融合について」,『金融研究』, 第19巻別冊第1号, 日本銀行金融研究所, 2000年4月.

Bangia, A., F. X. Diebold, T. Schuermann and J. D. Stroughair, "Modeling Liquidity Risk, with Implication for Traditional Market Risk Measurement and Management." Working Paper, Wharton Financial Institutions Center, 1999.

Bertsimas, D. and A. W. Lo, "Optimal Control of Execution Costs," *Journal of Financial Markets*, **1**, 1998, pp.1-50.

Blyth, S. "Out of Line." *Risk*, Vol.9, No.10, October, 1996.

Brockhaus, O., M. Farkas, A. Ferraris, D. Long, and M. Overhaus, *Equity Derivatives and Market Risk Models*, London : Risk Books, 2000.

Chan, L. and J. Lakonishok, "Institutional Trades and Intraday Stock Price Behavior." *Journal of Financial Economics*, **33**, 1993, pp.173-199.

Chan, L. and J. Lakonishok, "The Behavior of Stock Prices around Institutional Trades." *Journal of Finance*, **50**, 1995, pp.1147-1174.

Demsetz, H., "The Cost of Transacting," *Quarterly Journal of Economics*, **82**, 1968, pp. 33-53.

Hendricks, D. "Evaluation of Value-at-Risk Models Using Historical Data." Mimeo, Federal Reserve Bank of New York, 1995.

Ho, T. and H. R. Stoll, "Optimal Dealer Pricing under Transactions and Return Uncertainty." *Journal of Financial Economics*, **9**, 1981, pp.47-73.

Holthausen, R. W., R. W. Leftwich, and D. Mayers, "The Effect of Large Block Transactions on Security Prices : A Cross-Sectional Analysis." *Journal of Financial Economics*, **19**, 1987, pp.237-268.

Holthausen, R.W., R. W. Leftwich, and D.Mayers, "Large-block Transactions, the Speed of Response, and Temporary and Permanent Stock-price Effects." *Journal of Financial Economics*, **26**, 1990, pp.71-95.

J. P. Morgan & Co., *RiskMetrics ™ - Technical Document*, Third Edition, May, 1995.

Kempf, A. and O. Korn, "Market Depth and Order Size." *Journal of Financial Markets*, **2**, 1999, pp.29-48.

Kraus, A. and H. R. Stoll, "Price Impacts of Block Trading on the New York Stock Exchange." *Journal of Finance*, **27**, 1972, pp.569-588.

Lawrence, C., "Practical Strategies for Risk Management and the Optimum Allocation of Capital." *Presentation documents at the Risk* 96, December 5, 1996.

Lawrence, C. and G. Robinson, "Liquid Measures." *Risk*, July 1995.

Mikkelson, W. H. and M. Partch, "Stock Price Effects and Costs of Secondary Distributions." *Journal of Financial Economics*, **14**, 1985, pp.165-194.

O'Hara, M., *Market Microstructure Theory*, Blackwell Publishers, Cambridge, 1995.

Pritsker, M., "Evaluating Value at Risk Methodologies: Accuracy versus Computational Time." Mimeo, Board of Governors of the Federal Reserve System, May, 1996.

Robinson, G., "Building and Testing a Value at Risk Model." *Presentation documents at the Risk Conference*: 'Advanced Risk Management Techniques, 'April 3, 1995.

Robinson, G., "More Haste, Less Precision." *Risk*, Vol.9, No.9, September, 1996.

Stoll, H. R., "The Supply of Dealer Services in Securities Markets." *Journal of Finance*, **33**, 1978, pp.1133-1151.

Studer, G., "Quadratic Maximum Loss for Risk Measurement of Portfolios." *Technical Report*, RiskLab, September, 1996.

Subramanian, A. and R. A. Jarrow, "The Liquidity Discount." Working Paper, Cornell University, 1998.

Subramanian, A. and R.A. Jarrow, "Mopping up Liquidity." *Risk*, December 1997.

Torre, N., "The Market Impact Model First in a Series." Internet documents, http://www.barra.com/Newsletter/nl 165/MIMNL 165.asp, 1998.

Torre,N., "The Market Impact Model Second in a Series." Internet documents, http://www.barra.com/Newsletter/nl 166/MIMNL 166.asp, 1998.

Torre,N., "The Market Impact Model Part 3." Internet documents,http://www.barra.com/Newsletter/nl 167/MIM 3.asp, 1998.

Torre,N. and M. Ferrari, "The Market Impact Model Part 4: Testing the Market Impact Model." Internet documents, http://www.barra.com/Newsletter/nl 168/mim 4-168.asp, 1998.

Uryasev, S., "Conditional Value-at-Risk: Optimization Algorithms and Applications." *Financial Engineering News*, No.14, February, 2000.

Wilson, T. C., "Calculating Risk Capital." in *the Handbook of Risk Management and Analysis*, Edited by Carol Alexander, 1996, John Wiley & Sons.

2

信用リスク

　金融機関におけるリスク計量の発展の歴史を振り返ると，出発点は，第1章で解説したマーケット・リスクの計量であった．ポートフォリオのリスク量を定量的に評価する上で，特にバリュー・アット・リスク（VaR）の考え方が有効だという点について，1990年代の前半に市場参加者の間でおおむねコンセンサスが得られた．第2章では，このVaRを信用リスクの分析・管理に対して応用していく方法を解説する．

　本章の構成は，次のとおりである．2.1節では，信用リスクの基本的な概念整理を行った上で，信用リスクの計量とは何かについて，広い視点から整理を行う．この中で，信用リスクについてのVaR（信用VaR）の定義づけも行う．2.2節以降では，信用VaRの利用方法を具体的に解説していく．そこでは，信用リスクだけでなく，マーケット・リスクも同時に計量するモデルを具体的に示して議論を進める．信用VaRと区別するために，信用リスクとマーケット・リスクを統合的に評価する指標を本書ではExVaR（extended value at risk, 拡張されたVaRという意味）と呼称する．まず2.2節では，ExVaRの計量モデルの具体例の構造を調べることによって，この種のモデルの実像を把握していく．2.3節では，各種の仮想ポートフォリオを設定した上，2.2節のモデルを利用してそれらのExVaRを試算する．ポートフォリオごとのExVaRを比較・検討することにより，リスク指標としてのExVaRの性質を明らかにしていく．さらに2.4節ではExVaRの実務への活用可能性について理念的な整理を行った上で，具体的な活用形態を提案する．2.5節では，ExVaRや信用VaRを計量する各種のモデルが金融実務においてどのように利用されているかという実態について言及した上，そうしたモデルの利用上の限界や注意点などについて説明する．最後に，2.6節で結びを述べる．ま

た，補論として 2.A 節には，PROBIT モデルを利用した倒産予測モデルの構築手順を平易に説明した．

2.1 信用リスクの概念整理と計量アプローチ

2.1.1 信用リスクの概念整理

一般に，金融機関は多数の与信債権から成るポートフォリオを保有している．この資産の将来の価値は，与信先の信用状況などに依存した確率的な変数として扱うことができる．資産価値変動の不確実性の背景には，各与信先がデフォルトを起こすという事象や，デフォルトに至らないまでも信用度を悪化させてしまうという事象が，確率的に発生するというメカニズムが想定されている[*1]．このような考え方を踏まえ，ポートフォリオに将来発生しうる損失額の確率分布を想定してみよう．図 2.1 に示した概念図では，横軸に与信総額対比でみた損失額の発生割合（％）が表示され，縦軸にはその実現確率（確率密度）が示されている．例えば，与信総額の 50％ 以上を失うような深刻な事態に至る確率は極めて小さいもののゼロではない．このことからもわかるように，確率分布の形状は左右非対称で，右に長い裾野を持っている．これは，第 1 章でみたマーケット・リスクが収益率ベースで左右対象の分布によって近似されていたのと異なる．

ここで，典型的なターミノロジーを整理しておこう．図 2.1 の確率分布における期待値は，予想損失額（expected loss, EL）と呼ばれる．それを超えて発生しうる「最大」の損失額は，最大損失額（maximum loss）と呼ばれる．ここで「最大」という意味は，第 1 章でみた VaR と同様に，特定の信頼区間を前提とした最大値を指す．例えば，最大値を超える可能性が 1％ であれば，信頼区間 99％ の最大損失額ということになる．この最大損失額が予想損失額を上回る大きさを信用 VaR と考える．この信用 VaR については，マーケット・リスクの VaR と比べ若干の定義上の相違がある．すなわち，マーケッ

[*1] こうした信用にかかわる不確実性のほかに，金利などのマーケット・レートの変動によっても与信債権の資産価値は変動しうる．ただ，2.1 節では議論の見通しをよくするために，そうしたマーケット・リスクの存在は捨象して議論を進める．他方，2.2 節以降では，マーケット・リスクの存在も併せて考え，一般的な議論を行う．

ト・リスクの評価時にはごく短期のタイムホライズンを想定していたことから資産価値の予想変化額を近似的にゼロと考え，最大損失額そのものがリスク (VaR) と認識された．一方，信用リスクの評価時には，予想損失額は事前に予期された事象であることからリスクの定義に含めるべきでないと考え，それを上回った損失可能性をリスクと見なす形で，信用 VaR を定義するのである．信用 VaR は，予想外損失額 (unexpected loss, UL) または潜在損失額 (potential loss) とも呼ばれる（本章でも，これら 3 つの用語を完全に同義で用いる）．

なお，2.2 節以降では，マーケット・リスクと信用リスクを統合的に評価する ExVaR を導入するが，その考え方はここでの信用 VaR の考え方とほぼ同一である．少し話を先取りすれば，両者の唯一の相違点は，ExVaR では時価評価をベースにリスクを評価する（時価の下落によってリスクが顕現化したと考える）ことから，図 2.1 のような確率分布を描く際の横軸に損失額をとるのではなく，将来のキャッシュフローの現在価値（これを本章では PV と表記）をとることである．このとき，横軸の期待値（期待 PV）は，おおむね現時点におけるポートフォリオの時価に対応していると解釈可能である[*2]．

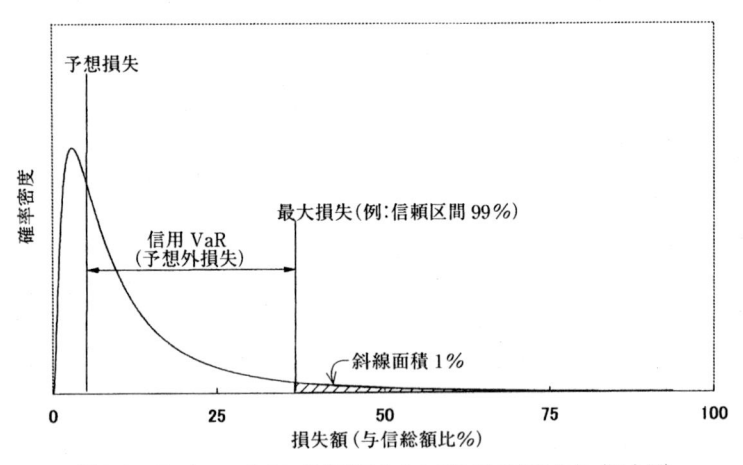

図 2.1 ポートフォリオに将来発生しうる損失額の確率分布（概念図）

[*2] 厳密には，ポートフォリオの時価は将来のキャッシュフローの現在価値をリスク中立確率で割り引いたものである（この点については，本書の姉妹書「金融デリバティブズ」の第1章および

次に，予想損失額と予想外損失額（信用 VaR）の財務的な位置づけを理念的に整理しておこう．図 2.2 には，バランスシート（貸借対照表）を時価ベースで表記した概念図を示した．資産価値の将来変動を確率的な事象と考えた図 2.1 の議論と結びつけると，図 2.2 で資産価値に関する予想損失（資産サイドの斜線表示部分）は，負債サイドで貸倒引当金として用意されるべき項目である．これに対し，事後的に予想を超えて顕現化してしまった予想外損失（資産サイドのシャドー表示部分）は，資本（自己資本）によって吸収されるべき項目である．十分に保守的に見積もった予想外損失が，この図のように資本で吸収される限りは，将来債務超過に陥る可能性が低いと考えてよい．

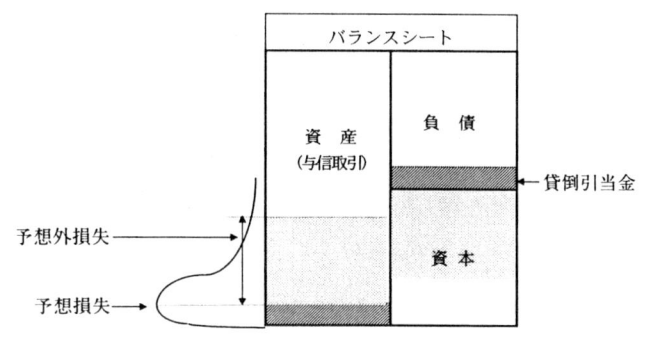

図 2.2 予想損失・予想外損失と貸倒引当金・自己資本との関係（概念図）

では，具体的に予想損失や予想外損失は，どのように計算されるのであろうか．2.2 節で実例を紹介するが，実務的によく利用される包括的な評価方法は，種々の仮定の下でシミュレーションを実行することによって図 2.1 のような損失額の確率分布を推定するものである（分布がわかれば，予想損失も予想外損失も容易に求められる）．ただ，闇雲に確率分布をシミュレーションしたのでは，その背後にある損失発生のメカニズムを理解できないので，ここではまず，図 2.3 に従って，理念的な整理を行っておこう．

まず，最大損失という意味での信用リスクは，予想損失と予想外損失（信

第 2 章を参照）．一方，ここで図 2.1 に示した確率分布は，現実の確率（主観的確率）である．このため，期待 PV は近似的な意味でしか時価として見なすことはできない．

2. 信用リスク

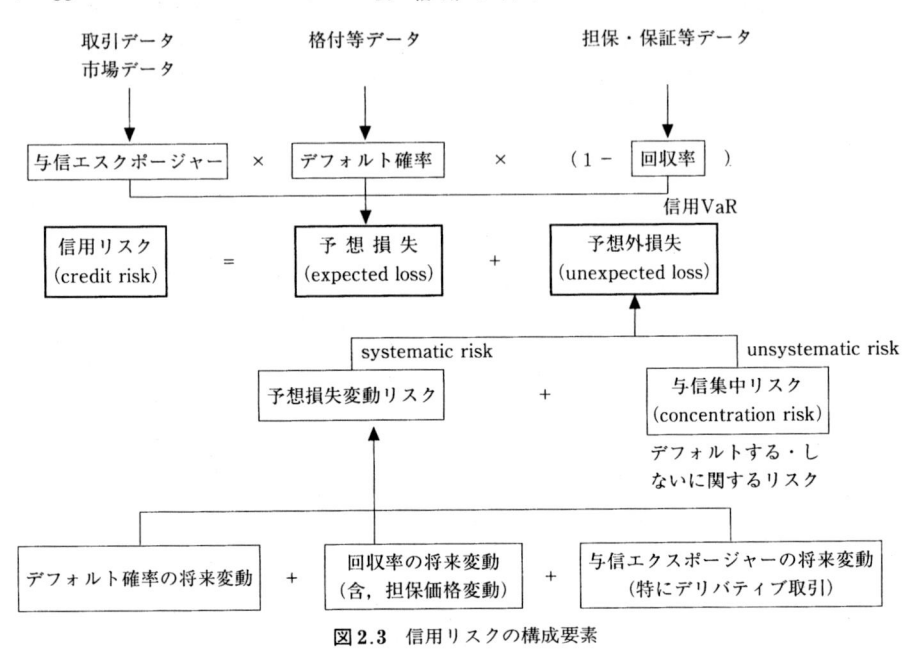

```
取引データ          格付等データ         担保・保証等データ
市場データ
   ↓                  ↓                   ↓
[与信エクスポージャー] × [デフォルト確率] × (1 − [回収率])
                         ↓                               信用VaR
[信用リスク]   =   [予想損失]      +    [予想外損失]
(credit risk)      (expected loss)       (unexpected loss)
                                              ↑
                    systematic risk          unsystematic risk
                  [予想損失変動リスク]  +  [与信集中リスク]
                                            (concentration risk)
                                         デフォルトする・し
                                         ないに関するリスク
   ┌──────────────┼──────────────┐
[デフォルト確率の将来変動] + [回収率の将来変動  ] + [与信エクスポージャーの将来変動]
                            (含, 担保価格変動)     (特にデリバティブ取引)
```

図 2.3 信用リスクの構成要素

用 VaR) に分解可能である．このうち，予想損失は，① 与信エクスポージャー (貸出債権であれば，貸出額のこと)，② デフォルト確率 (しばしば expected default frequency, EDF とも呼ばれる)，③ 回収率 (しばしば loss given default, LGD とも呼ばれる)，という 3 つの要素によって，図に示された式のように求められる．一方，予想外損失は，予想損失変動リスクと与信集中リスクの 2 つに分解可能である．与信集中リスクは，デフォルト確率を所与とした場合でも，与信先が将来本当にデフォルトするかしないかが事前には決まらないというリスクである．デフォルト確率を与えた時に決まるのはデフォルトの起こりやすさだけであって，その情報が将来のデフォルトの成否を確実に決めるのではないことに注意しよう．このリスクは，与信先を無数に増やす (1 件の与信額を無限に小口化していく) という与信分散によって消滅させることが可能であるという意味で，本源的には与信集中に起因するリスク (換言すれば，アンシステマティック・リスク) であるといえる．これに対し，予想損失変動リスクは，文字どおり，予想損失を決める上記の 3 要素 (①〜③) が

将来不確実に変化することから，予想損失が変化してしまうリスクである．このリスクは，与信分散によって削減させることができないという意味で，システマティック・リスクと呼べる．

2.2 節で示すリスク計量モデルでは，取引データや市場データ（金利など）を入力情報として，プライシング・モデルにより上記①の与信エクスポージャーを決める．また，格付や信用スコアなどの信用情報や，いわゆる審査の結果によって②デフォルト確率を与えるものと考える．さらに，③回収率も与信の属性に応じて，過去のデータなどから推定された値を利用可能であると考える．このように，モデル上では，所要情報を入力すると①〜③の項目が自動的に決定される．一方，予想外損失を評価する方法は，シミュレーション計算である．①〜③の各項目の将来変動については，先験的に特定の確率過程を仮定する．また，デフォルト事象の成否についてもベルヌーイ過程（1 か 0 か〈＝デフォルトか非デフォルトか〉の 2 通りの事象が特定の確率〈＝デフォルト確率〉で発生する確率過程）を仮定する．これらの前提に基づき，擬似乱数を利用したモンテカルロ・シミュレーションによって，時間とともに発生するキャッシュフローをみることが可能になり，最終的に，図 2.1 のような確率分布が得られる．

ここで，少しテクニカルではあるが，信用リスクを議論する際に極めて重要な概念の 1 つを直観的に説明しておきたい．それは，デフォルト事象についての相関である．一般に，ある特定の取引先①がデフォルトを起こす場合，そうでない場合に比べ，他のある特定の取引先②もデフォルトを起こす可能性がより高い(低い)ならば，両者間のデフォルト相関が大きい(小さい)ことになる．この概念を直観的に理解するために，図 2.4 に示した 6 つの図を順にみていこう．

まず，図 2.4 の上段の 2 つの図は，それぞれある特定の取引先 1 つ（①および②）とだけ与信取引を行った場合のポートフォリオに対する損失額の確率分布を例示したものである．両取引先のデフォルト確率は共に 1％ で一定であると考えており，逆にデフォルトが発生しない(損失額がゼロとなる)確率はそれぞれ 99％ である．取引先①との個別取引では，全与信額のうちの 5 割相当が安全な担保によって保全されていると考えており，デフォルト時（確率

1%）には残りの5割相当の与信を喪失する．一方，取引先②との個別取引では，全与信額が無担保であると考えており，デフォルト時（確率1%）にはほぼ100%の与信を喪失する（厳密には，たとえ無担保でもわずかに回収できる部分があるかもしれないので，その可能性が損失分布の「幅」を発生させている）．次に，この2つの取引（与信額は互いに同一とする）を組み合わせた2資産ポートフォリオの損失額について確率分布を表したのが中段の2つの図である．それぞれ，①と②の間のデフォルト相関が弱い場合および強い場合の例として，デフォルト係数ρが0および1という極端なケースを取り上げている．$\rho=0$のケースでは，①のデフォルトと②のデフォルトは完全な独立事象であるから，それぞれ1%の確率でポートフォリオの総資産価値の5割相当を毀損することになる（ただし，①のデフォルトについてだけは，その半分が担保で保全されていたため，実際には全資産の25%を毀損するだけである）．逆に，①，②ともにデフォルトしない確率は98%である．これに対し，$\rho=1$のケースでは，①と②のデフォルトは完全に連動することになるから，両者がともにデフォルトするケース（確率1%）といずれもデフォルトしないケース（確率99%）の2通りの状態があるだけとなる（いずれか一方のみデフォルトするという状態はありえない）．この中段の2つの図を比較すると，ポートフォリオ中の与信先のデフォルト相関が高いほど，全資産についての損失額の確率分布の形状は右裾が長く，不確実性が大きくなることが予想される．この性質をより一般的に表すために，多数の取引から成るポートフォリオの損失額についての確率分布を例示した2つの図を下段に示した．それぞれ，資産間のデフォルト相関が相対的に弱い場合，強い場合を示している．中段の図のアナロジーから予想されるとおり，特徴としては，デフォルト相関が強いほど分布の形状の右裾が長く，信用VaR（予想外損失）がより大きくなっている．逆に，デフォルト相関が弱ければ，確率分布は予想損失額のまわりに集中した形状となり，信用VaRが相対的に小さい．仮に完全分散が実現しているような極端なケース（すなわち，ポートフォリオが相関のない無限に多数の小規模与信から構成されているという仮想的なケース）では，確率分布は予想損失額の一地点に完全に集中した形状（数学的にいえばデルタ関数）となり，信用VaRはゼロとなる．このように，信用リスクを議論する際には，第1章

2.1 信用リスクの概念整理と計量アプローチ

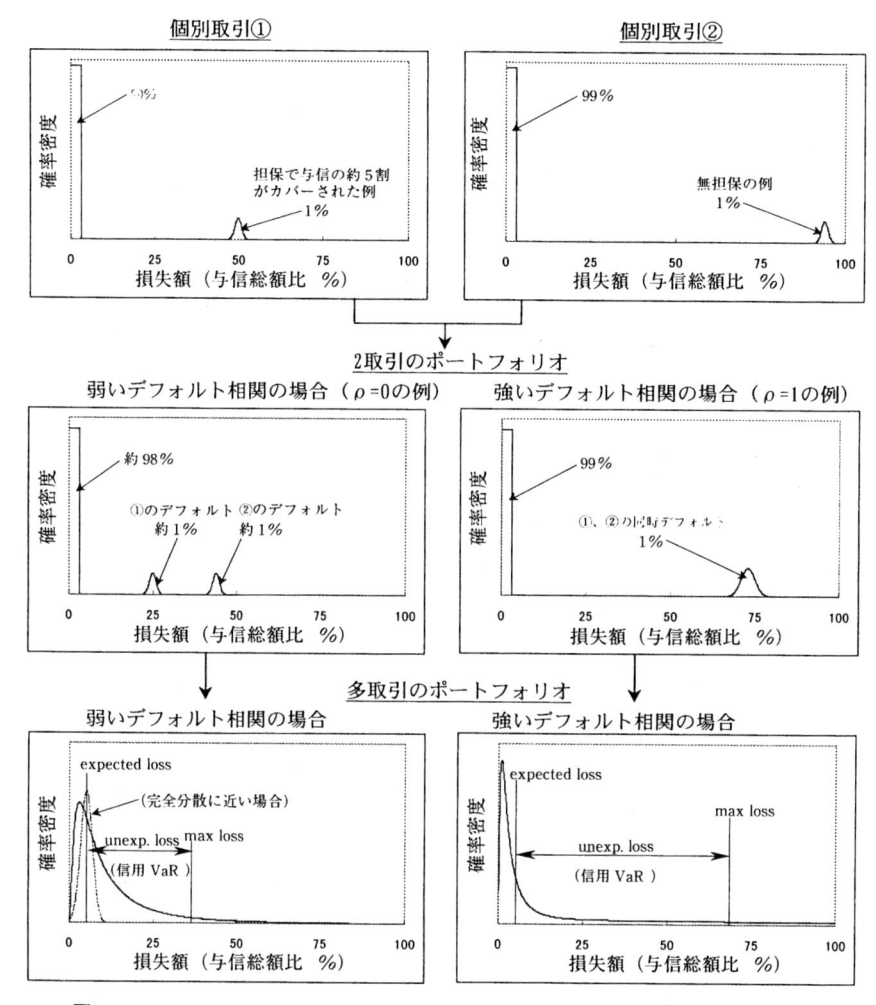

図2.4 デフォルト相関がある場合のポートフォリオの損失額の確率分布
——回収率の不確実性は取入れ，デフォルト確率と与信額は固定して考えた例

でみたようにマーケット・リスクに関する相関とは異なった意味で，デフォルト事象に関する相関が重要となることに注意しておきたい．実際に信用VaRないしExVaRを算定する上では，デフォルトの成否についてシミュレーションを行うプロセスにおいて，あらかじめ仮定したデフォルト相関を織り込んで

計算を行うことが可能である．また，計算されるリスク量は，このデフォルト相関に強く依存することが知られている．

2.1.2 信用リスクの各種計量

以上で，信用リスクを VaR の考え方によって定量化する上での予備知識をひととおり説明した．その具体的な計算例は 2.2 節以降に示すこととし，2.1.2 項および 2.1.3 項では，少し異なった角度から周辺知識を得ておこう．

近年，数理的なアプローチによって信用リスクを分析する方法が多くの場で論じられ，また実務上でも利用されてきているが，一口に「信用リスク計量」とか「信用リスク・モデリング」といっても，文脈によって多様な意味を持ちうる．このため，場合によっては用語の意味についての誤解が混乱の種になりうる．そうした事態を回避するために，2.1.2 項では，信用リスク分析として計量的なアプローチが適用される典型的なケースを次の 4 つに分類して，それぞれの位置づけと意味を明らかにしておこう．

(1) 予想デフォルト確率の推定
(2) デリバティブズに対する与信エクスポージャーの推定
(3) 予想損失額の推定
(4) 信用 VaR（予想外損失額）

これら 4 つは，2.1.1 項で信用リスクの概念として解説した諸項目のいずれかに対応している（図 2.3 参照）．「信用リスク計量」が話題になっているときには，その 4 つうち，どれを問題としているのか明確に認識する必要がある．

(1) から (4) を順にみていこう．(1) は，与信先企業（ないし個人）が与信期間中にデフォルトに至る確率を様々な情報から定量的に推定することである．予想デフォルト確率の正確な推定は，リスク量の算出だけでなく，金融商品のプライシング（例えば，ローンの貸出金利の設定）を行う上でも，基本となる重要なステップである．このため，推定の有効性に関する研究は「信用リスク計量」の伝統的な分野の 1 つを形成している．金融実務の歴史を振り返ると，従来から行われている個別与信先の信用度分析は，いわゆる審査がベースとされている．1990 年代半ばくらいまでは，審査の結果がデフォルト確率という具体的な数字と結びつけられるのではなく，信用度の高低に応じて取引

先を分類（格付ないしスコアリング）するという分析に止まることが多かった．最近ではこれが前進し，各分類に対応するデフォルト確率が推定されるケースが増えている．このほか，審査という比較的主観的・定性的なプロセスと並行して，より客観的・定量的な信用度判定プロセスを活用することもデフォルト確率を推定する上で有効な場合がある．ただ，これらの問題は実務的な色彩が強い上に多彩なアプローチが利用可能である．したがって，統一的な枠組みで議論を進めるよりも，各金融機関が局面に応じて適切な方法論を選択していくべき問題であると思われる．このため，本章ではこの分野に深く立ち入らないが，基礎的な整理だけを次の 2.1.3 項で行っておく．

次に，特にデリバティブズ業者の間でよく話題にのぼる「信用リスク計量」が，（2）の与信エクスポージャー（信用エクスポージャーともいわれる）の推定である．これは，伝統的な貸出であれば与信額にあたる．デリバティブズの場合には，与信相当額が将来的に大きく変動する可能性があるため，カレント・エクスポージャー（現時点の与信相当額，再構築コストとも呼ばれる）およびポテンシャル・フューチャー・エクスポージャー（再構築コストの潜在的な増加額）の和として与信エクスポージャーを捉える場合が多い．前者はデリバティブズの時価にあたり，今すぐにデフォルトが起きた場合に被る損失を表す．これに対し，後者は，将来デフォルトが起こることを想定し，今後デフォルト時点までにデリバティブズの時価が増加するかもしれない（したがって，デフォルト時の損失が大きくなるかもしれない）というリスクを評価するものである．このポテンシャル・フューチャー・エクスポージャーは，デリバティブズの原資産の確率的挙動に依存した確率変数であるから，それを評価する上で，期待値を計算するケース（アベレージ・ポテンシャル・エクスポージャーと呼ばれる）や，（ある信頼区間の下での）最大値を計算する方法（最大ポテンシャル・エクスポージャーと呼ばれる）などがある．これらの計算については，本章では個別に議論しないが，VaR 計算の際に利用される確率的な評価方法を援用できる面もあることだけは指摘しておきたい．

デフォルトの発生によりどれだけの損失が発生するかを予測する上では，（1）の予想デフォルト確率と（2）の与信額（与信エクスポージャー）がわかった後には，回収率がわかればよい．図 2.3 でみたように，これら 3 つの要

素の積を計算することにより，(3) の予想損失額が計算可能である．ここでの新たな計量項目は，回収率に関する分析である．実はこの問題に対する標準的な手法は確立されておらず，担保や保証の有無・種類，与信先の状況や与信条件などといった各種の属性に応じて，過去の経験に基づき予想された回収率をテーブルとして用意して利用する場合が多いようである．

最後に，(4) の信用 VaR は，2.1.1 項でみた予想外損失額（潜在損失額）にほかならない．これを算定するには，既にみたように，将来のポートフォリオの損失に関する確率分布を推定することが基本となる．その作業は，上で述べた (1)～(3) を包含しており，最も包括的な計量分析であるといえる．本章では，2.2 節以降，この問題に特化して解説を行う．

2.1.3　予想デフォルト確率の計量アプローチ

本章の主題からやや脇道にそれるが，本項では参考として，上記 (1) の予想デフォルト確率を定量的に評価する各種手法を簡単に説明しておく．

一般に，個別与信先の信用度を判定する上では，伝統的な審査をはじめとして様々なアプローチがありうる．そのうち，統計的な技術を利用して客観的かつ定量的に予想デフォルト確率を推定するアプローチは，学術的にも実務的にも古くから注目を集めてきた．最近では，各種市場の発達に伴い市場価格データにインプライされた信用度情報が質・量ともに向上してきたこと，計算技術などの進歩によってハードとソフトの両面で分析ツールが向上してきたことなどもあって，さらに実務上の活用可能性が高まっているとの声が聞かれる．ただ，いくら定量分析の質が向上したとはいえ，それだけに基づき確実な信用分析が達成されるという性質の問題ではないという点に，十分注意しておきたい．企業活動の将来性に関して正確な判断を下すには，必ずしも公開情報だけでは十分でなく，より立ち入った調査を要すると考えられる．重要なのは，主観的な判断に重きを置いた審査に定量的な分析結果を合わせて利用すれば，両者が相互補完的に機能し，より有効な分析が期待されるということである．こうした問題意識に基づき，以下では，予想デフォルト確率の各種推定方法についてサーベイを行う．

a. 格付機関や信用調査会社による信用評価情報の活用

S&P, Moody's などの格付専門会社や，東京商工リサーチ，帝国データバンクなどの信用調査会社が調査・公表した過去の格付データ[*3]ないし信用スコア（評点など）の統計に基づき，各格付ないし信用スコアに分類された企業の将来のデフォルト確率を推定することが可能である．この方法のメリットは，過去のデータの蓄積が多いことである．例えば単に1年後までのデフォルト確率を得るに止まらず，10年程度先までの累積倒産確率を期間構造として推定することも原理的には可能である．一方，個別企業の諸属性（例えば，業種，規模など）を考慮することなく，単に現時点の信用度（格付，信用スコア）という情報だけに基づき将来のデフォルト確率を説明できることを暗に仮定している点が現実的でない可能性も指摘できる．

現在のデフォルト確率だけでなく，将来のデフォルト確率の変動について情報を得たい場合には，信用度間の遷移行列（transition matrix）を過去のデータから推定し，これに基づいて将来の信用度変更の確率を推定するアプローチが利用可能である．

なお，専門的な信用評価会社の情報に頼るほかに，十分な蓄積があれば個々の金融機関の内部格付システムに蓄積された情報を利用することも有効である．

b. 財務諸表情報に基づく倒産予測モデル

公表されている企業財務データを利用して個別企業の倒産確率を予測しようという研究は，古くから盛んに行われている．技術的な観点から各種の方法を3つに分類し，簡単な説明を加えると，以下の（1）から（3）のとおりである．

（1）線形判別分析による多変量解析[*4]

企業の信用度に関連した複数の財務計数の加重平均値を算出して得点としたうえ，一定のカットオフ得点からの大小によりデフォルト可能性を判定する．加重平均のウエイトとしては，最も判定力が高くなるように統計的に決定した

[*3] 例えば，スタンダード・アンド・プアーズ (1994)，ムーディーズ・インベスターズ・サービス (1994/3, 1994/5) などを参照．

[*4] この手法については，後藤 (1989)，E.I. アルトマン (1975, 1992) などをはじめとして，多数の論文・著作が発表されている．

数字を使う．カットオフ得点は，デフォルト可能性が高い集団と低い集団を分割する最適な境界値を統計的に決定したものである．

（2）質的選択モデル（PROBIT モデル，LOGIT モデルなど）による回帰分析[*5]

（1）と同様に複数の財務計数を説明変数とし，倒産状態・非倒産状態という離散変数を被説明変数とする回帰モデルである．モデルの誤差が正規分布や LOGIT 分布など特定の確率分布に従うと仮定したうえで，推定される倒産・非倒産判定の誤差が最小になるように，システマティックに倒産確率を推定可能なモデルを構築する点が特徴である．本章の補論2.Aでは，PROBITモデルを利用した倒産予測モデルを作成する手順および試算例などを取りまとめたので参照されたい．

（3）ニューラル・ネットワークによる分析

ニューラル・ネットワークとは，人間の脳神経細胞（ニューロン）の働き方にヒントを得て開発されたコンピュータによる分析アルゴリズムである．多数の企業情報（財務計数など）を入力すると，非線形変換を経て最終的に倒産予測に有効な情報を出力する．線形的な回帰モデルが自ずから一定の限界をもつのに対し，ニューラル・ネットワークは非線形性を許容することにより一段と高い説明力を実現可能である．一方，入力情報が出力情報に変換されていく過程が極めて複雑となるため，モデルの直観的理解が困難であり，ブラックボックスに近くなってしまうなどの点がデメリットである．

なお，上記（1）～（3）の方法に共通した問題点として，第1に，倒産とデフォルトは必ずしも同義ではないという点を指摘可能である．一般に，デフォルトが起こったかどうかを第三者が公表データから検証することは困難であるから，デフォルト予測モデルではなく，観測可能な倒産という現象を予測するモデルを構築する場合が多い[*6]．しかし，取引先が倒産には至らなくとも，金利延滞などの形でデフォルトを起こしたり，元利減免などの救済措置を避け

[*5] 先行研究としては，米国企業を分析対象としたものとして Boyes, Hoffman and Low (1989), Johnsen and Melicher (1994), 日本企業を分析対象としたものとして森平 (1994) などがある．

[*6] もっとも，倒産情報を利用する代わりに，マスメディアから金利減免などの情報を収集することにより実質的なデフォルトを探す方法（奥代 他 (1995)）や財務諸表に着目し経常赤字が3期連続であることをもってデフォルトと見なすアプローチ（若杉・佐々木 (1995)）なども存在する．

ることができずにロスが発生するケースは少なくない．このような倒産とデフォルトとのギャップをいかに調整するかという課題がある．第2の問題点としては，倒産直前期の財務データが入手可能な企業の数に限りがあるということである．例えば，上場企業あるいは店頭公開企業で近年倒産に至った企業のうち，倒産直前期の財務データを入手可能な先はかなり少数であるため，これをもとに行った推計結果から将来を予測することの有効性について疑問なしとはいえない．第3の問題点としては，これらの方法では経験的に1年先程度までの倒産確率を推計するのが限界であり，それより長期の倒産確率あるいはその期間構造を正確に推定することは統計的に容易ではない．以上のような難点を改善するための1つの方法は，客観的な財務データのほかに主観的な項目を説明変数として加えた予測モデルを構築することである．実務家の間では，例えば，規模が小さい企業に対しては，経営者の信頼性といった項目が有効であるとの指摘もある．

c. 債券利回りの信用スプレッドに関するデータからの分析

流動性が高い債券（社債など）については，流通市場の利回りに無リスク金利対比でどの程度の信用スプレッドが加わっているかを観測することにより，市場参加者のデフォルト確率に関する予想や市場参加者のリスク選好度に関する情報を抽出することが理論的には可能である．

実際，米国市場やユーロ市場では社債の流通市場が比較的発達していることから，スプレッドとデフォルト確率などの関係を過去の時系列データから統計的に分析することによって有意な結果を得たとの実証研究が報告されている[7]．この場合，過去のスプレッドの変動に関する性質を分析することにより，将来のスプレッドの変動性について有意な情報を得られる可能性がある．

ただし，わが国の社債市場をみた場合には，流通市場が十分に発達しているとはいえない面もあり，スプレッドとデフォルト確率に安定的な関係が見いだせないとか，そもそも分析対象となるデータ数が少ないといった限界もある．

d. 企業価値に関するオプション価格理論を応用したデフォルト確率推定モデル

対象企業の総資産価値（時価），同価値の予想ボラティリティ，同価値の確

---

[7] 最近の報告例としては，Wu and Yu (1996) などがある．

率過程(典型的にはブラック-ショールズ型の対数正規過程),対象企業の総負債価値などが得られれば,Merton (1974) に示されたオプション価格理論を応用すると,一定の期間内に当該企業がデフォルト[*8]に陥る確率を推定することが可能である.ただし,この入力情報の中には,正確な計数を容易には把握できないものが含まれている.例えば,わが国では,個別株に関するオプション市場が(CB,ワラントを除き)存在しないため,総資産価値のボラティリティに関する情報を市場から抽出することが困難である(ヒストリカル・ボラティリティで代替させるなどの妥協を必要とする場合が多い).

2.2 信用リスクとマーケット・リスクの統合的計量1: 試作モデルによる計量方法の分析[*9]

ここからは,本章の主題である信用 VaR の解説に特化する.はじめに,①信用 VaR を計算する方法やモデルには数多くのバリエーションがあること,一方で,②それらは中心となる考え方をほぼ共有しており,モデルを組み立てる細部の違いが積み重なって多彩なバリエーションが発生していること,の2点を強調しておきたい.この状況を自動車に例えれば,どのモデルもエンジンは共通であるが,それをサポートするブレーキ,ステアリング,ギアなどの周辺装置やパーツが相異なっており,結果的に全体としての特性やパフォーマンスに大きな差異をもたらしうるといえる.ここで述べた共通のエンジンとは,2.1.1項で述べたように,ポートフォリオに将来発生する損失額の確率分布を推定した上で予想外損失(信用 VaR)を定義するという考え方である.一方,パーツにあたるのは,確率分布を推定する上で設定される様々な仮定などである.例えば,デフォルト事象の発生プロセスとしてどのような確率過程を仮定するか(例えば,離散的なポアソン過程とするか,あるいは何らかの連続的な分布を想定するか)という点や,損失の定義としてデフォルト時の時価だけを認識するか(デフォルト・モード・アプローチ)あるいはデフォルトに至っていなくとも信用度の悪化などによる与信債権の時価の低下(含み損)も

[*8] ここで取り上げた理論では通常,デフォルトについて,企業価値が一定の限界値を下回った状態と定義しており,一般的なデフォルトの定義とは異なる.

[*9] 2.2~2.4節の内容の一部は,小田・村永(1996)の研究成果を部分的に利用している.本書での利用をご快諾下さった共同研究者の村永 淳氏に,この場を借りて感謝申し上げたい.

経済的な損失として認識するか（MTM〈mark to market〉モード・アプローチ）という点，さらには，予想外損失の計算としてシミュレーションによりノンパラメトリックな確率分布を導出した上でパーセント値を算定するのか，あるいは損失分布の標準偏差を推定した上でパラメトリックな確率分布形を仮定することによりパーセント値を導出するのか，といった点などでバリエーションがありうる．こうしたモデルのパーツの選択肢を列挙し尽くすことは容易ではない．重要なのは，必ずしも標準的な方法が確立されているわけでなく，いずれの方法を取るにせよ，ある程度は近似的な前提に基づいてリスク計量を行わざるをえないという事実を認識することである．

本章では，こうしたモデルのパーツのバリエーションを網羅することに力点は置かない（ただし，後掲2.5節において簡単な分類を示す）．むしろ，何らかのモデルを1つ，じっくりと観察し，その特性を理解しておくことが重要であると考え，2.2節では以下，筆者が試作した「ExVaR計量モデル」の構造を詳細に紹介する．また，2.3節，2.4節ではこのモデルを利用した応用分析を行う．これらによって，信用リスクとマーケット・リスクを統合的に評価したExVaR (extended value at risk) の計量モデルの具体像を把握でき，ExVaRに包含される信用VaRについての理解も深められるはずである．

2.2.1　ExVaRの定義

はじめに，これから計算するExVaRを次のように定義する．

「リスク評価期間中にポートフォリオを構成する各金融商品から発生するキャッシュフローの現在価値に着目し，これが，①マーケット・レートの変動，②取引相手のデフォルト，ないし③取引相手の信用度の悪化（デフォルト可能性の増大）を原因として低下するリスク」

この定義は，第1章で取り上げたマーケット・リスクのVaRと，2.1.1項で概念整理した信用VaR（予想外損失額）を同時に計量する指標を与える．このうち信用VaR部分だけを取り出せば，

「リスク評価期間中に取引相手[*10]がデフォルトを起こすことまたはデフ

[*10] 本章では，取引相手のデフォルト可能性のみを信用リスクの発生源として扱うが，デリバティブ商品の中には，取引相手以外の主体のデフォルト可能性も商品価値に影響を及ぼすものがあ

ォルトに陥る可能性を高めることを原因として，金融商品から発生するキャッシュフローの現在価値が低下するリスク」
と説明できる．ここでデフォルトとは，取引相手が金融契約を約定通りに履行しなくなることである．前掲図2.3の整理に従うと，この信用VaRをさらに次の2つの部分に分離することができる．すなわち，

「リスク評価期間中に取引相手がデフォルトを起こすことにより，金融商品から発生するキャッシュフローの現在価値が低下するリスク」（与信集中リスク）

は，デフォルト確率が将来的に変動する効果を勘案せず，現時点のデフォルト確率が続くことを前提として，実際にデフォルトが発生するかどうかのみに着目したリスク量である．仮にリスク評価期間内にデフォルトが発生しなかったならば，与信集中リスクは顕現化しなかったと解釈される．こうした視点に立てば，図2.4（特に上・中段の図）でみたように，一定のデフォルト確率の取引相手と金融契約を結んでいるとき，一定期間後に当該取引を清算すると仮定した場合のキャッシュフローに関する確率分布は，デフォルト・ノンデフォルトの2つの状態のみから成る離散的な分布である．単独の商品でなく，より多数の取引相手・商品から成るポートフォリオについてキャッシュフローの確率分布を考えると，離散的な分布から連続的な分布に近づく．この場合，マーケット・リスクのVaRと同様に，一定の信頼区間における最大損失や予想外損失を算出することができるわけである．また，仮にポートフォリオを構成する個別の金融商品のデフォルト特性がまったく独立であるとすると，構成商品数が多くなり分散化が進むにつれて，キャッシュフローの確率分布は正規分布に近づく（中心極限定理）．さらに，極限的な完全分散ポートフォリオについては，正規分布の標準偏差が無限小となる（確率分布がデルタ関数に従う）ため与信集中リスクはゼロである．ただし，現実には，個別商品の間には有意な相関が存在するうえ，通常のポートフォリオにはある程度の与信の集中がみられるため，はじめから完全分散を想定してリスク算出を行うべきではない．

る．例えば，社債を原資産とするオプションを購入する場合，取引相手（オプションの売却者）のデフォルト可能性とともに当該社債の発行者のデフォルト可能性もこのオプションの価値を決定する要素である．

これに対し，

「全体の信用VaRから与信集中リスクを差し引いたリスク」
を予想損失変動リスクであると定義する（図2.3を参照）．例えば，図2.3で示したデフォルト確率変動リスクについてみると，将来デフォルト確率が高くなれば，実際に満期前にデフォルトが実現することによって被る損失の期待値が増大するばかりでなく，デフォルトが発生しなくても満期以前に債権を流動化する場合に信用リスク・プレミアムの増加から時価が減少するため，この商品から得られるキャッシュフローの現在価値は低下する．

一般に，実務界における多様な信用リスクの定義の中には，ここでいう与信集中リスク，予想損失変動リスクのいずれか一方のみに着目したものがみられなくもない．しかし，対象とするポートフォリオの性質によってはいずれも看過できないリスクであるため，本章では以下，両者を取り込んだ定量化について解説する．

第1章で解説したように，トレーディング勘定のマーケット・リスクに関するVaRは，一定の保有期間後に一定の信頼区間（例えば99%）のもとでポートフォリオの時価が低下しうる最大幅と定義されていた．これに対し，各種金融商品の信用リスクを評価する場合には，この定義をそのまま適用できず，上記のようにExVaRを定義することが望ましい．なぜなら，トレーディング勘定以外の金融商品のリスクを評価するタイムホライズンは，その流動性を勘案すると年単位にまで長くなりうるため，この間発生する資金の受渡しを無視することができないからである．こうした問題に対処するには，リスク評価期間終了時点における時価の不確実性に着目してリスクを認識する代わりに，リスク評価期間内に発生するキャッシュフロー価値の不確実性をリスクの源泉として認識すればよい．ここでいうキャッシュフローとは，金利等の市場レートや取引先の信用状況などの要素を現時点から将来にわたり所与としたとき，リスク評価期間内に発生するすべてのキャッシュフローを指す．具体的には，

① 利息収支
② リスク評価期間内にデフォルトが発生した場合に，期限の利益損失事由に基づき回収される債権
③ リスク評価期間終了時点までデフォルトが発生しなかった場合には，同

時点で当該ポジションを清算すると想定した場合のキャッシュフロー（すなわち同時点における商品時価）

などが含まれる．トレーディング勘定のマーケット・リスクに対する伝統的なVaRは，このうち③だけに着目してその不確実性をリスクと認識するに過ぎないが，本章のExVaRでは以下，リスク評価期間中のキャッシュフロー（①）およびデフォルトの実現可能性の効果（②）も直接取り込む．なお，キャッシュフロー発生時点の違いに応じた時間価値を正確に捉えるために，リスク評価期間内（本章の計算例では最長5年）に発生した各キャッシュフローをすべて一定時点先（本章の計算例では5年後）まで短期無リスク資産に再投資（すなわち，短期金利によるロール・オーバー運用）すると仮定した上，この最終金額を現在価値ベースに割り引くことによってキャッシュフローを評価する．

実際の計算では，モンテカルロ・シミュレーションを用いてシミュレーション1回ごとに市場条件・デフォルト事象を確定させ，それに応じたキャッシュフローを生成する．多数回のシミュレーションを繰り返せば，キャッシュフローの割引価値の計算結果を数多く得る．これらの期待値（以下，期待PVと呼ぶことにする）を取れば，近似的に現時点におけるポートフォリオの時価を得る[11]．また，リスク量（予想外損失額）は，例えばキャッシュフローの割引価値の99％値（一般的にはx％値）が期待PVを下回った幅によって定義可能である．前述のように，本章ではこれをExVaRと呼称する．

---

[11] この期待PVは，現実の確率に基づくキャッシュフロー（現在価値ベース）の期待値である．一方，前述のように，理論的に厳密な現在価値を算出するには，無裁定条件を課した上で現実の確率を測度変換することにより得る確率測度（相対価格をマルチンゲールとする測度〈しばしば単にマルチンゲール測度ないしリスク中立確率と呼ばれる〉）の下においてキャッシュフローの割引現在価値の期待値を計算する必要がある点を繰り返しておこう．マルチンゲール測度は，経済学的には現実の確率測度に市場参加者のリスク選好度を反映させることによって修正を加えたものである．仮に市場参加者がリスク中立的であるとすれば，両者の確率測度は完全に一致するから，本章で算出する期待価格と理論価格が完全に一致する．しかし現実には，両者は近似的な関係以上のものではない．

市場参加者のリスク選好度を織り込んだプライシングを行おうとする理論研究は数多く進められている（例えば，Madan and Unal (1993), Duffie and Singleton (1994), Duffie and Skiadas (1996), Duffie and Huang (1996), Jarrow and Turnbull (1995)など）．これらの研究については，本書の姉妹書『金融デリバティブズ』の第3章で解説しているので参照されたい．一方，本章の計算では，現実の世界での確率に基づく期待値をもって近似的にポートフォリオの時価と見なすことにする．

2.2.2 ExVaR モデルにおける諸設定

本項では，ExVaR を算出する上で設定する種々の仮定などについて具体的に説明する．これらはいずれも，ありうべき多様な仮定の置き方の一例である．前述のように，仮定の置き方に標準化された方法はないと考えてよい．読者が実際にリスク計量モデルを組み立てる際にも，いろいろな例を参考にしながら，その計算目的・条件などに鑑みて最適な設計を独自に考える必要がある．以下で示す設定は，その具体的なイメージをつかむための例と考えていただきたい．

（1） デフォルト確率

信用リスクを評価する上では，まず，現時点における個別取引先のデフォルト確率を与える必要がある．その方法論については 2.1.3 項で概観したのでここでは繰り返さないが，要は，定性的・主観的な企業情報と定量的・客観的な企業情報を組み合わせて的確に信用度を判定する体制を整備することが重要である．本章では以下，このような内部格付制度が既に確立されており，その情報をリスク算出に援用できると想定する．また，各格付に対応したデフォルト確率の大きさについても，過去のデータから情報が得られているものとする．

次に，現時点のデフォルト確率が将来どのように変化していくのかというダイナミクスについて情報が必要である．この問題に対しては様々な方法がありうるが，本章では，デフォルト確率が対数正規過程に従うことを先験的に仮定して[*12]試算を行う．具体的には，時点 t から $t+dt$ までの微小期間に取引先 i の単位時間当たりデフォルト確率 $h_i(t)$ が変動する幅 $dh_i(t)$ が（2.1）式で表される対数正規過程に従うとする[*13]．

$$dh_i(t) = h_i(t+dt) - h_i(t)$$
$$= h_i(t)\mu_j(t)dt + h_i(t)\sigma_j(t)dz_j(t) \qquad (2.1)$$

[*12] 同様の確率過程を仮定した上でデフォルト可能性を勘案したプライシングを指向した研究の一例としては，Grenadier and Hall (1995) を参照されたい．

[*13] デフォルト確率は区間 (0, 1) において定義されるから，厳密には，$h_i(t)$ に対数正規過程をそのまま適用するのは適当でない．例えば，$h_i(t) \leq 1$ という境界条件を付すことによりこの欠陥を除去することは可能である．本研究で用意した計算アルゴリズムでは，$h_i(t) > 1$ となった場合には $h_i(t) = 1$ と解釈した上で当該期間に必ずデフォルトが発生するという扱いとすることにより，実質的に上記の境界条件と同等の効果を得ている．

上式において，i は企業，j は当該企業が所属する業種を表示するインデックスである．したがって，デフォルト確率の変動率に関するトレンドおよびボラティリティを表すパラメータ $\mu_j(t)$ および $\sigma_j(t)$ は，ともに業種ごとに決まるというモデルである．また，$dz_j(t)$ は，業種 j に所属する企業の状態を決めるための標準ブラウン運動を表す（したがって，$dz_j(t)=\varepsilon_j(t)\sqrt{dt}$〈ただし，$\varepsilon_j(t)$ は標準正規乱数[*14]〉と表現可能）．これは，業種という企業属性に基づいて取引先企業群を分類することにより，デフォルト確率の変動過程の特徴に関して同質的なグルーピングが達成されるという考え方によるものである．このとき，パラメータの設定や標準正規乱数の発生は，業種ごとに実行すれば足りることとなり，膨大な数の個別企業ごとの取扱いを避けることができる．ここで注意しておきたいのは，デフォルト確率の変動過程の特徴を捉えるためには，業種という1つの企業属性では不十分である可能性がある点である．業種のほかに，例えば企業の規模・地域・信用度などの項目も効果的な企業属性となりえよう．実務的には，この問題に答えを用意する必要があるが，本章ではとりあえず業種のみに着目した形でモデルの枠組みを示すこととする．また，$\mu_j(t)$ および $\sigma_j(t)$ には，過去のデータに基づく推定結果を適用する．具体的には，トレンド $\mu_j(t)$ はゼロと仮定した上，$\sigma_j(t)$ を時間に依存しない定数として統計的に算出する（結果は後掲表2.4）．ただし，実務上は，ビジネス・サイクルの循環効果などが $\mu_j(t)$ に有意な影響を及ぼしうることから，過去のデータからの推定値だけでなくマクロ経済要因などのフォワード・ルッキングな効果の調整を加えることも一案であろう．なお，以下の試算では，確率過程の最小期間 dt を1か月とし，t は1か月から60か月（5年）までを対象とする．

（2）　信用補完措置（特に担保の扱い）

わが国では与信を実行するにあたって担保や保証などにより信用補完を付す場合が少なくない．信用補完機能は，当該取引のリスク量に大きな影響を及ぼすため，その効果を的確に推定することが望まれる．一般に信用補完の手段は

[*14] 標準ブラウン運動 $dz_j(t)$ を構成する標準正規乱数 $\varepsilon_j(t)$ には，各ファクター間の相関が取り入れられている．具体的には，後掲表2.4に示した異業種デフォルト確率間の相関や，さらに金利，株価，不動産価格との相関も考慮されている．

多様であるが，本章では特に担保の扱いに焦点を当てる．主として，不動産および株式が担保となっている取引を想定する．

有担保取引では，取引相手のデフォルト時に，① 当該取引の資産時価，② 担保資産の時価（先行抵当が付いている場合にはそれを差し引いたベース），③ 極度額の3つの中で最小の金額を回収することができると考える（担保資産回収率100%の場合）．したがって，将来のキャッシュフローを試算するには，取引時価を決定する変数（金利，デフォルト確率）の変動過程をモデル化するだけでなく，担保資産価格の変動に関する確率過程をモデル化する必要もある．本章では，どのようなモデルが現実的であるかという論点には踏み込まず，不動産価格，株価ともにそれぞれの対数正規過程に従うことをあらかじめ仮定する．実際，株価についてこの仮定は一般的であるが，不動産価格については適切かどうか疑問なしとしないので今後の検討課題である．なお，不動産価格，株価ともに個別の物件，銘柄によって価格の変化率は当然異なるが，ここでは，計算を簡便にするためにすべての物件，銘柄の変化率がベンチマークの変化率に一致すると仮定した．ベンチマークは，不動産価格として全国市街地価格指数を，株価として日経平均株価を採用した．また，不動産，株式のほかに，第3の担保資産としてその他資産という区分を形式的に設けた．今回の計算では，その他資産の内容については預金を念頭に置き，外生的にボラティリティをゼロ（他の変数との相関もゼロ）と与えた．

（3） 回収率

回収率の扱いは，信用補完措置の扱いと並び，信用リスクの計量に大きな影響を与える重要な項目である．対処方法としては，「平均的な回収率」を定数値として与えるタイプの簡便な方法から，個別の資産ごとに回収率を推定したり，さらには将来の回収率の変動を表す確率過程を仮定する方法まで，多様な扱いがありうる．

本章のExVaRでは，2種類の回収率を入力する．具体的には，デフォルト時に（第1優先順位の）担保資産の時価の何割を実際に回収可能であるかという比率（担保資産回収率と呼ぶ）と，無担保資産の何割を実際に回収できるかという比率（無担保資産回収率と呼ぶ）である．担保資産回収率は理想的なケースでは1に近いが，現実には劣位抵当権設定者との調整コストや資産流動化

までの減価コストなどが無視できない場合もあるから，実務においては1よりいくらか小さい比率を採用すべきと考えられる．もっとも，参照できる統計が存在しないこともあり，2.3節と2.4節の分析では，便宜的にこの比率を0.9と設定する．一方，無担保資産回収率は，デフォルト債権にまったく担保が付されていない場合や優先順位が低い担保のみしか設定されていない場合であっても，何割かの資産を回収可能な実例が存在するという現実を織り込むための比率である．ただし，2.3節と2.4節の分析では，保守性を重視する形でこれをゼロと設定しておく．

（4）金　利[*15]

本章では，過去約8年間のイールドカーブの月次変動データに対して主成分分析を行い，このうち主要3成分[*16] を因子ベクトルとするファクター・モデル（因子分析）に従って，将来のイールドカーブの動きをシミュレートする．

この方法の他にも，イールドカーブ上にいくつかのグリッド・ポイントを設定し，これらに対応する各期間の金利が多変量正規分布に従うと仮定してシミュレーションを行うことなどのバリエーションがありえ，ExVaRの計算上はいずれかの方法を選択すればよい．ここでは，イールドカーブ変動の解釈のしやすさを重視して，ファクター・モデルを採用する．

（5）デフォルト確率と市場レートの相関の考慮

企業のデフォルト確率の変動と市場レート（金利など）の変動は互いに独立ではなく，何らかの相関を持つ．一般には，デフォルト確率が上昇傾向を示す景気後退期には金融緩和政策を反映して金利水準が低下する傾向にある．このため，両者には負の相関が発生する[*17]．信用リスクとマーケット・リスクを同時に推定する場合には，この相関の効果を取り入れることにより推定の正確性を期することができる．

本章では，過去のデータに基づき，業種別デフォルト確率の変動とイールド

[*15] 本章では円金利のみを想定しているが，必要に応じこれを他通貨に拡張することは容易である．

[*16] イールドカーブ変動の主要3成分は，それぞれ，イールドカーブの①パラレルシフト，②傾きの変化，③キンク（曲率の変化）と解釈することが可能である．また，経験的にはこれら3成分により，トータルのイールドカーブ変動の99%以上を説明可能である．

[*17] こうした相関に関する実証研究の例（ただし，米国のデータを利用）としてはDuffee (1994, 1995) を参照．

カーブ変動の主要3成分に対応したランダム・ファクターとの間の相関を統計的に算出し，この結果を将来の推定に適用する．

(6) リスク評価のタイムホライズン

信用リスクを計量する上では，将来のキャッシュフローの不確実性を評価する期間をどのように設定するか判断する必要がある．マーケット・リスクをVaRにより評価する場合には，保有期間（holding period）という考え方を採用し，分析目的や対象商品などに応じて1日，2週間などの期間が適宜設定される場合が多い．信用リスクを評価する上でもこの延長線上で議論を進めることが可能であるが，当該商品を「保有」する期間というより，リスクを評価するタイムホライズンという意味合いが強いので，本章ではこの期間をリスク評価期間と呼称する．

リスク評価期間の設定方法には多様な選択がありうる．本章では，当該商品を清算・流動化したいと判断してからその実行・完了に要する期間と定義する．例えば，流通市場が極めて厚い債券が対象であれば，リスク評価期間を1日としてもよかろう．逆に，ほとんど流動化不可能な仕組みのローンであれば，リスク評価期間は満期までと考えるべきである．この定義は，リスクの意味を忠実に解釈すれば自然な発想であると思われる[*18]．ただし，商品ごとに相異なるリスク評価期間を設定することとなるので，実務的にはシステム設計上の手当てなどが必要である．2.3節と2.4節で仮想ポートフォリオのExVaRを試算する際には，ローンとスワップについてはリスク評価期間をそれぞれの満期までとし，社債については一律1年間とする．

(7) 与信の分散・集中効果

与信の分散・集中が信用リスク量に与える効果は重要である．本章では，個別の取引に関する情報を逐一入力するため，自ずから分散・集中効果を的確に定量化可能である．この点については，2.3.2項で検証を行う．

[*18] 各商品の流動性に応じてリスク評価期間を設定するという考え方とは別に，全商品に同一のリスク評価期間を採用し，流動性が高い商品についてはロールオーバーを想定してリスク量を計測する考え方もある．このほか，1.4節で検討したように，市場流動性の効果をシステマティックに反映させてリスク評価期間を定めるという枠組みもありえよう．

2.2.3 ExVaR モデルの具体的仕様

図2.5にExVaR算出モデルの構造を示した．5種類の入力ファイルを用意してプログラムを実行すると，チャートの流れに従って計算が進む．1回のシミュレーションで点線内の計算が1回実行され，ポートフォリオから事後的に発生するキャッシュフローの割引現在価値を得る．これを多数回繰り返すこと

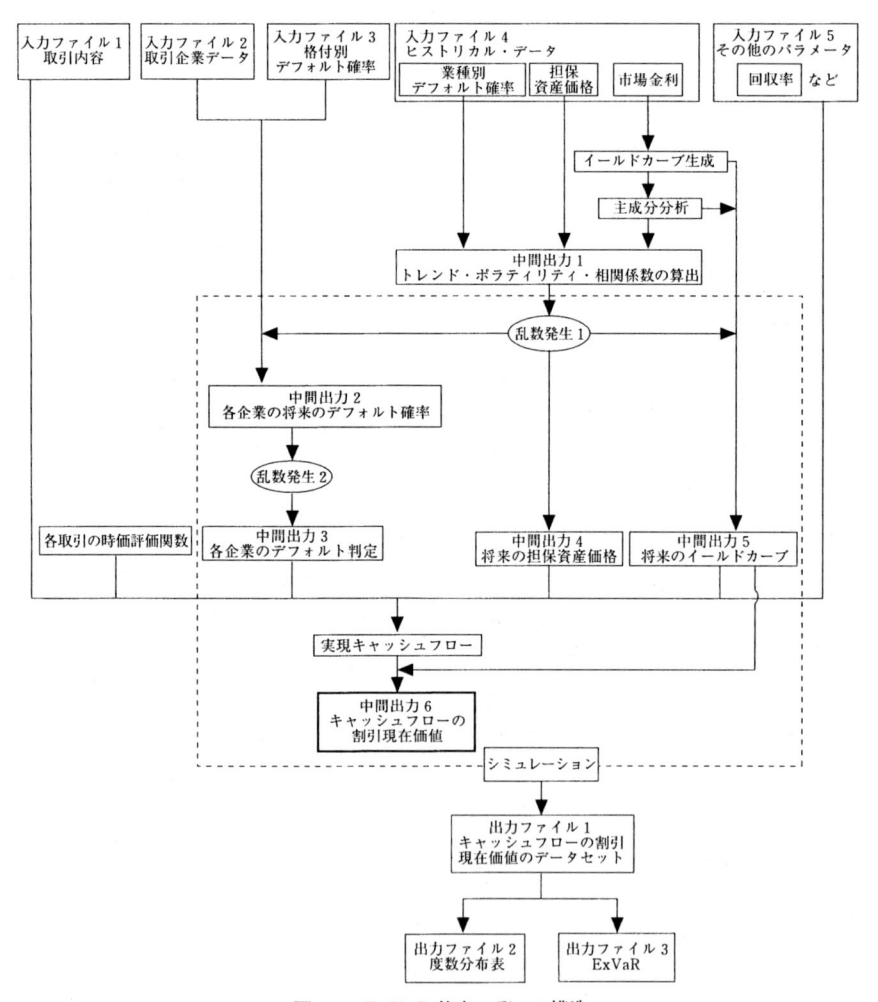

図2.5 ExVaR算出モデルの構造

により，キャッシュフローの割引現在価値のデータ・セットの度数分布表を得る．データ・セットにおいて，まず期待値（期待 PV）を算出し，これから例えば 99% 値を差し引いた潜在的ロスが ExVaR（この場合，信頼区間 99%）である．以下では，図 2.5 に示された各ファイルの内容を説明する．

入力ファイル 1： 個別の金融取引の約定内容に関するデータを入力する．具体的には，表 2.1 の概念図が示すように，取引先企業（番号），取引種類（番号），元本，金利，残存期間，担保の有無・種類（番号），担保時価，極度額，先行抵当権といった情報が必要不可欠である．取引種類が伝統的なローンではなく，例えば金利スワップ（プレーン型）の場合には，元本は想定元本，金利は固定金利[19]といった読み換えを行えばよい．また，取引の流動性を反

表 2.1 取引約定内容に関するデータ（概念図）

取引番号	取引先企業（番号）	取引種類（番号*）	(名目)元本（億円）	金 利（年率%）	残存期間（年）	リスク評価期間（年）	担保種類（番号**）	担保資産時価(億円)	極度額（億円）	先行抵当（億円）
1	1	1	5	4.0	3.0	3.0	0	0	0	0
2	1	2	10	3.7	5.0	1.0	0	0	0	0
3	2	1	12	6.0	3.0	3.0	1	20	12	5
4	2	3	12	5.0	3.0	3.0	0	0	0	0
5	3	1	10	4.5	2.0	2.0	1	13	10	0
6	3	4	20	5.1	3.0	3.0	0	0	0	0
7	4	1	15	5.0	4.0	4.0	1	15	15	0
8	4	3	15	4.9	4.0	4.0	0	0	0	0
9	5	1	5	6.0	2.0	2.0	2	6	5	0
10	5	4	10	5.0	5.0	5.0	0	0	0	0
11	6	1	15	3.5	5.0	5.0	0	0	0	0
12	6	2	10	3.4	3.0	1.0	0	0	0	0
13	7	1	8	4.5	2.0	2.0	1	7	8	0
14	7	3	8	4.8	2.0	2.0	0	0	0	0
15	8	1	6	6.5	3.0	3.0	2	7	6	0
16	8	4	10	5.3	2.0	2.0	0	0	0	0
17	9	1	14	5.0	5.0	5.0	1	20	14	5
18	9	3	14	5.0	5.0	5.0	0	0	0	0
19	10	1	10	5.0	4.0	4.0	1	12	10	0
20	10	4	15	5.0	3.0	3.0	0	0	0	0
⋮	⋮	⋮	⋮	⋮	⋮	⋮	⋮	⋮	⋮	⋮

* 1＝ローン（元本一括償還，利息後取り），2＝社債（固定利付債），3＝金利スワップ（Pay-Fix，プレーン），4＝金利スワップ（Receive-Fix，プレーン）．
** 0＝無担保，1＝不動産担保，2＝株式担保，3＝その他（預金など）担保．

映させたリスク評価期間も併せて入力しておく．

入力ファイル2：取引先企業に関するデータを入力する（表2.2が概念図）．ここには，各企業の現在の信用度（行内格付などに基づく信用度ランク）情報が含まれる．また，将来の信用度の変化を検討する上では各企業を同質的企業群に分類すると効果的であるが，その分類基準として機能する各種企業属性情報も本ファイルに収めておく．2.2.2項で述べたように，今回は企業属性として業種のみを利用する．

表2.2 取引先企業に関するデータ（概念図）

取引先 (番号)	取引先名	信用度 (格付)	業　種 (番号)	規　模 (番号)	地　域 (番号)
1	○○会社	3	1	—	—
2	××会社	6	1	—	—
3	△△会社	4	2	—	—
4	……会社	5	3	—	—
5	……会社	6	3	—	—
6	……会社	2	3	—	—
7	……会社	4	4	—	—
8	……会社	7	6	—	—
9	……会社	5	6	—	—
10	……会社	5	8	—	—

入力ファイル3：各格付に対応するデフォルト確率（年率）の推定値を入力する．過去の格付データを分析すれば，各格付ごとに集約したデフォルト確率の平均値を得る．これを将来の予想デフォルト確率と考える．ここでは，その結果を入力しておく（概念図は，表2.3）．

入力ファイル4：業種別企業群の平均的デフォルト確率，担保資産価格および市場金利に関するヒストリカル・データを入力する．

本例では，業種別企業群の平均的デフォルト確率としては，手形交換停止件数（全国銀行協会連合会）を法人企業統計季報（大蔵省〈現 財務省〉）の推定法人数で除した比率を利用した．

入力ファイル5：ここには，入力ファイル1から4までに入らなかった各

[*19] 金利スワップに関する固定金利の情報は，変動金利側にLIBOR上乗せスプレッドがある場合には，同スプレッドを約定ベースの固定金利から差し引いて調整したベースで入力する．

表2.3 デフォルト確率に関するデータ
(概念図)

格付	デフォルト確率（年率%）
1	0.01
2	0.1
3	0.5
4	1.0
5	2.0
6	3.0
7	4.0
8	5.0
9	10.0
10	30.0

種の所要パラメータを収める．今回は，2.2.2項で述べた担保資産回収率 (0.9) および無担保資産回収率 (0.0) の設定だけに止まっているが，追加的なパラメータが必要であればこのファイルが利用可能である．

中間出力1： 入力ファイル4における各時系列変数について，トレンド，ボラティリティ(標準偏差)，相関係数を算出した結果である(表2.4)．2.2.2項で述べたように，業種別デフォルト確率と担保資産価格についてはそれぞれ対数正規過程に従うと仮定して分析する一方，市場金利については主成分分析結果の主要3成分（これを参考までに図示すると，図2.6）を因子ベクトルとするファクター・モデルに従って分析した．以下2.3節と2.4節におけるExVaRの計算は，原則的に，表2.4に示したデータに基づいて行う．

中間出力2・4・5および乱数発生1： 中間出力1で得た相関係数データに基づき多変量正規乱数[20]を生成し，これを各変数の確率過程に適用して将来の時系列データを生成する．各企業の将来のデフォルト確率を決めるには，入力ファイル2・3から当該企業の現時点のデフォルト確率を認識し，これを出発点として当該企業の業種に応じた確率過程に従い将来の変動を決定する（計

---

[20] 本研究における多変量正規乱数の発生は，相関行列をコレスキー分解し，これに対し，一様乱数にボックス-ミュラー（Box-Muller）法を適用して生成した標準正規乱数ベクトルを乗ずることによって得た．なお，一般に，より効率的なモンテカルロ・シミュレーションを行う方法としては，①一様乱数の代わりに Sobol, Faure などの準乱数（low discrepancy sequences）を利用すること，②対称変数法（antithetic variable method）などの分散削減法（variance reduction procedure）を採用することなど挙げられる．

表 2.4 各時系列変数のトレンド，標準偏差および相関係数

	建設業デフォルト	卸売業デフォルト	製造業デフォルト	運輸通信デフォルト	不動産業デフォルト	サービス業デフォルト	小売業デフォルト	その他デフォルト	地価変動率	日経平均変動率	金利変動第1成分	金利変動第2成分	金利変動第3成分
トレンド	—	—	—	—	—	—	—	—	0.050	0.086	—	—	—
標準偏差	0.386	0.312	0.323	0.442	0.498	0.386	0.332	0.550	0.039	0.211	—	—	—

相関係数	建設業	卸売業	製造業	運輸通信	不動産業	サービス業	小売業	その他	地価変動率	日経平均	金利第1成分	金利第2成分	金利第3成分
建設業	1.000	0.767	0.812	0.569	0.713	0.773	0.807	0.508	−0.048	−0.137	−0.271	−0.018	0.241
卸売業	0.767	1.000	0.669	0.588	0.597	0.743	0.694	0.533	−0.122	−0.242	−0.452	0.012	0.159
製造業	0.812	0.669	1.000	0.603	0.758	0.684	0.764	0.382	−0.128	−0.283	−0.065	0.133	−0.036
運輸・通信業	0.569	0.588	0.603	1.000	0.572	0.547	0.509	0.396	−0.138	−0.175	−0.077	−0.284	0.062
不動産業	0.713	0.597	0.758	0.572	1.000	0.625	0.708	0.388	0.019	−0.147	−0.247	−0.006	0.044
サービス業	0.773	0.743	0.684	0.547	0.625	1.000	0.726	0.508	−0.045	−0.216	−0.305	−0.030	0.324
小売業	0.807	0.694	0.764	0.509	0.708	0.726	1.000	0.490	−0.035	−0.189	−0.126	−0.039	0.081
その他	0.508	0.533	0.382	0.396	0.388	0.508	0.490	1.000	−0.062	0.098	−0.416	−0.006	−0.054
市街地価格	−0.048	−0.122	−0.128	−0.138	0.019	−0.045	−0.035	−0.062	1.000	0.251	−0.070	−0.025	0.512
日経平均	−0.137	−0.242	−0.283	−0.175	−0.147	−0.216	−0.189	0.098	0.251	1.000	−0.095	−0.185	0.188
金利第1成分	−0.271	−0.452	−0.065	−0.077	−0.247	−0.305	−0.126	−0.416	−0.070	−0.095	1.000	−0.152	−0.153
金利第2成分	−0.018	0.012	0.133	−0.284	−0.006	−0.030	0.039	−0.006	−0.025	−0.185	−0.152	1.000	0.065
金利第3成分	0.241	0.159	−0.036	0.062	0.044	0.324	0.081	−0.054	0.512	0.188	−0.153	0.065	1.000

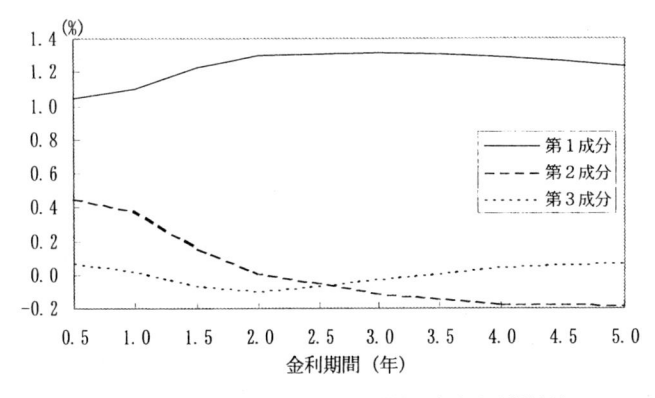

図 2.6 金利の期間構造の変動に関する主成分分析結果

算例として表 2.5 を参照).

各担保資産価格(計算例,表 2.6)とイールドカーブ(計算例,図 2.7)についても,初期時点のデータを出発点として各確率過程により将来のパスを決定していく点は同様である.

中間出力 3 および乱数発生 2: デフォルト確率を特定した後には,当該企業が実際にデフォルトを起こすかどうかを判定する.デフォルト確率の大小とデフォルトの実現・非実現の間には,間接的な関連はあるものの一意的な対応はない.仮にデフォルト確率が非常に小さくてもデフォルトが実現する可能性はあるし,また逆にデフォルト確率が非常に大きくてもデフォルトが実現しない可能性もあるからである.

表 2.5 デフォルト確率の変動過程に関する計算例

取引先(番号)	1 か月後	2 か月後	3 か月後	…	…	58 か月後	59 か月後	60 か月後
1	3.00	3.08	3.15	…	…	4.62	4.51	4.55
2	2.00	1.88	1.75	…	…	2.13	2.30	2.28
3	0.10	0.11	0.10	…	…	0.15	0.17	0.17
⋮	⋮	⋮	⋮	⋮	⋮	⋮	⋮	⋮
98	0.50	0.52	0.51	…	…	0.42	0.40	0.38
99	5.00	5.12	5.30	…	…	4.87	4.75	4.82
100	0.10	0.09	0.11	…	…	0.10	0.11	0.12

表 2.6　担保資産価格の変動過程に関する計算例

担保資産種類	1か月後	2か月後	3か月後	…	…	58か月後	59か月後	60か月後
不動産（市街地価格指数）	93.15	92.91	92.67	…	…	95.12	95.24	95.37
株式（日経平均株価）	19723	19688	19756	…	…	21020	21154	21254

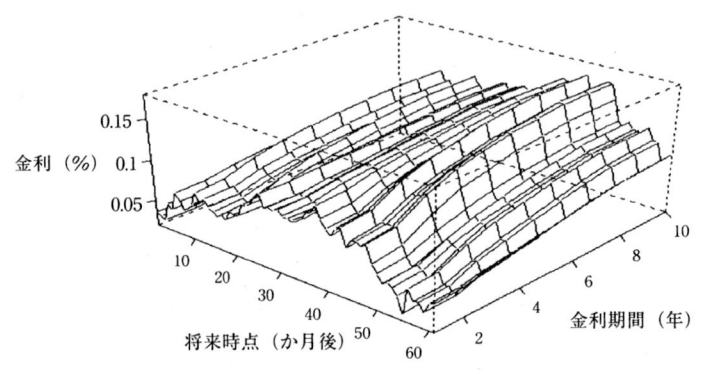

図 2.7　イールドカーブの変動過程に関する計算例

　手順としては，0から1までの区間で一様乱数を発生させ，それと中間出力2で得た各企業の将来時点（1か月ごと）におけるデフォルト確率を比較し，前者が後者を下回った場合に当該企業が同期間にデフォルトを起こしたと考える（計算例，表2.7）．なお，一度デフォルトが発生した後の情報は捨象する．

　中間出力6：入力ファイル1に含まれる各取引について，取引先のデフォルトの有無・時期が中間出力3により決まり，デフォルト時点での担保時価が中間出力4により決まり，さらに必要に応じて（例えば金利派生商品の場合）中間出力5により各時点での約定キャッシュフローが決まる．これらをすべて勘案し，デフォルト可能性を考慮した実現キャッシュフロー（概念図，表2.8）を求める．これらについて短期金利での再運用および現在価値ベースへの割引を施すことにより，最終的なキャッシュフローの割引現在価値を得る．

　出力ファイル1：シミュレーションを多数回（本例では最低1万回）繰り返すことにより，中間出力6のデータを多数個蓄積する．

　出力ファイル2：出力ファイル1のデータから作成した度数分布表（ヒストグラム）が出力ファイル2である．以下の3つの計算例では，図2.8は，

表2.7 デフォルトの成否判定の計算例
(0は非デフォルト,1はデフォルトを表示)

取引先(番号)	1か月後	2か月後	3か月後	……	58か月後	59か月後	60か月後
1	0	0	0	……	0	0	0
2	0	0	0	……	0	0	0
3	0	0	0	……	1	−	−
⋮	⋮	⋮	⋮	⋮ ⋮	⋮	⋮	⋮
98	0	0	0	……	0	0	0
99	0	0	1	……	−	−	−
100	0	0	0	……	0	0	0

表2.8 実現キャッシュフローの概念図

単位:億円

取引(番号)	0.5年後	1.0年後	1.5年後	……	4.0年後	4.5年後	5.0年後
1 (loan, non-def)	0.25	0.25	0.25	……	0.25	0.25	10.25
2 (swap, non-def)	−0.02	−0.02	−0.01	……	0.02	0.01	0.02
3 (loan, def, sec)	0.30	0.30	9.27	……	0.00	0.00	0.00
4 (loan, def, uns)	0.30	0.30	0.00	……	0.00	0.00	0.00
⋮	⋮	⋮	⋮	⋮ ⋮	⋮	⋮	⋮
Portfolio全体	30.57	30.41	29.68	……	25.54	25.44	985.21

↓

割引現在価値合計	1067.33

100本のローンから構成された仮想ポートフォリオを対象として10万回のシミュレーションを行った結果,図2.9は,同じポートフォリオに対し1万回のシミュレーションを行った結果,図2.10は,100本の金利スワップ(すべてpay fix)から構成された仮想ポートフォリオを対象として1万回のシミュレーションを行った結果である.これらをみると,①10万回のシミュレーションからはかなり滑らかな形状の分布を得られること,②1万回のシミュレーションで得られる分布もリスク量の分析を行う上では十分滑らかと考えられること,③分布の形状が左右非対称となりうること(例えば図2.10)などが看取される.

出力ファイル3: 出力ファイル1のデータから期待値(期待PV)を算出する(2.2.1項で述べたように,これをポートフォリオ時価と解釈).また,期待PVから一定の信頼区間(2.3節と2.4節では,99%または95%を採用)

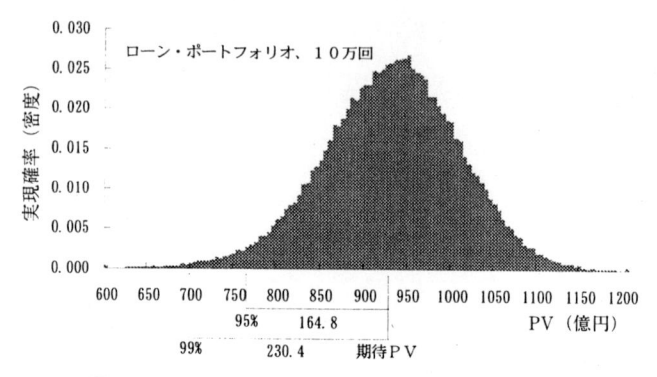

図 2.8 ポートフォリオ PV のヒストグラム計算例（1）

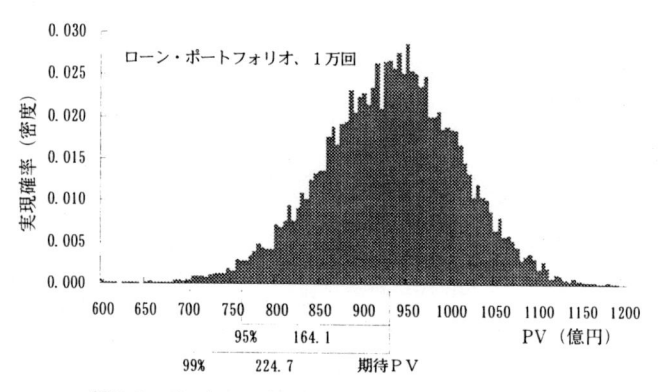

図 2.9 ポートフォリオ PV のヒストグラム計算例（2）

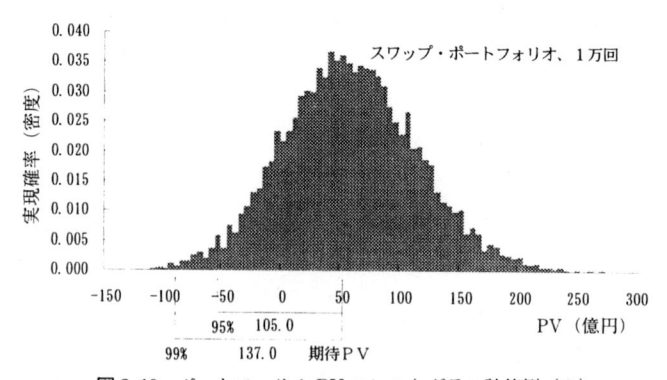

図 2.10 ポートフォリオ PV のヒストグラム計算例（3）

でみた最小価値を差し引くことにより ExVaR を得る（図 2.8～2.10 を参照）．例えば図 2.8 では，信頼区間 99％，95％ の ExVaR がそれぞれ 230.4，164.8 と求められている．

2.3 信用リスクとマーケット・リスクの統合的計量 2：試作モデルによる各種ポートフォリオのリスク量算定

2.2 節で示した ExVaR の計量モデルでは，信用リスクを適切に把握する上で考慮すべき様々な要素のうち，重要性が高い次の 4 点を的確に扱うことが企図されている．

（1） オンバランス取引とオフバランス取引の統合評価，商品の流動性に応じたリスク評価期間の設定
（2） 取引先の分散・集中の効果および取引先の属性別カテゴリー（本例では業種）の分散・集中効果の取り込み
（3） 信用リスクとマーケット・リスクの統合評価（例えば，金利とデフォルト確率の相関の考慮など）
（4） 担保の効果の取り込み

この 2.3 節では，種々の仮想ポートフォリオを設定し，それぞれに対する ExVaR を計算・比較することによって，上記 4 点が ExVaR という数値情報の中にどのように反映されているかを調べる．この分析は，ExVaR のリスク評価機能の有効性を確認するばかりでなく，異なるモデルを構築していく上でも（1）～（4）の諸点を適切に評価することが極めて重要であることを示唆するものである．

なお，本 2.3 節および次の 2.4 節でシミュレーションに用いた各種仮想ポートフォリオの設定内容は，2.6 節の後に付表としてまとめてあるので，それを参照しつつ分析内容を理解していただきたい．シミュレーションの実行回数は，原則的には 1 万回，特に高い精度を要する場合には 10 万回とした．

2.3.1 オン・オフバランス取引を統合したリスク評価および流動性の効果

ここでは，6 種類の仮想ポートフォリオ（番号#1-1～#1-6）を設定し，そのリスク量を算出・比較する．これにより，ExVaR の簡単な算出例が示され

るとともに、オン・オフバランス取引の統合的リスク評価の効果や流動性の勘案の方法に応じた効果についても調べることができる．

a．オン・オフバランス取引を統合したリスク評価

まず，各ポートフォリオの内容を概観しよう．いずれのポートフォリオも，100社の企業と1本または2本ずつ取引を有している（表2.9および付表参照）．ここではポートフォリオを構成する取引の種類に応じたリスク量の差異などに焦点を当てるために，取引種類以外の諸条件を極力同一に設定した．すなわち，各取引先企業は，すべて同一の業種（ここでは業種2[*21)]）に所属し，同一のデフォルト確率（年率3％〈2.2.3項で想定した格付6に対応〉）を有している．個別にポートフォリオをみると，#1-1は各取引先に対し1本ずつのローンを有するポートフォリオである．このローンは，いずれも元本10億円（一括償還型），金利5％（半年ごと後払い），残存期間5年（したがってリスク評価期間も5年），無担保である．#1-2は，各取引先に対し1本ずつの社債を有するポートフォリオである．この社債は，いずれも元本10億円（一括償還型），金利5％（半年ごと後払い），残存期間5年（ただし，流通市場の存在を考慮してリスク評価期間は1年），無担保である．#1-3は，各取引先に対し1本ずつのプレーン金利スワップ（固定金利支払い型）を有するポートフォリオである．スワップは，いずれも想定元本10億円（元本交換はなし），固定金利5％（半年ごと払い），残存期間5年（したがってリスク評価期間も5年），無担保である．また，#1-4は各取引先に対しローン・社債を1本ずつ，#1-5は各取引先に対しローン・スワップを1本ずつ，#1-6は各取引先に対し社債・スワップを1本ずつ有するポートフォリオである．なお，#1-4～#1-6までに含まれるローン・社債・スワップの取引条件は，#1-1～#1-3までに含まれる各取引と同様である．

これら6種類のポートフォリオのExVaRを算出した結果を表2.9に示す．

この結果から得られる第1のインプリケーションとしては，オンバランス資産とオフバランス資産のリスクを正確に評価するには各リスク量を単独に計算した上で合算するのではなく，両資産を統合したベースで計算することが望ま

[*21)] 2.2節では，8種類の業種分類を具体的な業種名によって提示したが，2.3節では，取扱上の簡便性から各業種に業種番号（1～8）を付し，この番号を引用して議論を進める．

表 2.9 期待 PV および ExVaR 算出結果

ポートフォリオ	構成			期待 PV (億円)	95% ExVaR (億円)	99% ExVaR (億円)
	ローン (100本)	社債 (100本)	スワップ (100本)			
#1-1	○			930	164	225
#1-2		○		886	117	158
#1-3			○	53	105	137
#1-4	○	○		1816	252	348
#1-5	○		○	980	231	300
#1-6		○	○	937	187	241

しいという点である.例えば,ローンとスワップから成るポートフォリオ#1-5 のリスク量を 99% の ExVaR として計測すると 300 億円であるが,ローンのみから成るポートフォリオ#1-1 のリスク量(225 億円)とスワップのみから成るポートフォリオ#1-3 のリスク量(137 億円)の合算値は 362 億円であり,後者は前者を約 2 割上回る.この傾向はローンと社債あるいは社債とスワップの組み合わせでも同様であり,いずれも単独評価の合算値でみるとリスクの過大評価につながる.

b. 流動性を反映したリスク評価期間の効果

上の計算結果から得られる第 2 のインプリケーションは,リスク評価期間の設定の違いがリスク量に大きな影響を与えるという点である.例えば,ポートフォリオ#1-1 と#1-2 の差異は,リスク評価期間が 5 年であるか 1 年であるかという点だけであり,他の条件はすべて同一である.しかし,信頼区間 99% の ExVaR はそれぞれ 225 億円,158 億円と大きな開きがある.こうした傾向はある程度はじめから予想できるものではあるが,インパクトの大きさは計算を行って初めてわかるものである.特に流動的な資産を評価対象とする場合には,リスク評価期間の設定に恣意性が入るため,いかにこの期間を適切に与えるかが重要な課題である.ちなみに,ポートフォリオ#1-2 においてリスク評価期間を変化させて ExVaR を計算すると,図 2.11 の結果を得た.これをみると,従来型の VaR でしばしば議論される $\sqrt{T}$ ルール[*22]との対比において,リスク評価期間の長期化に伴うリスク量の増加が相対的に緩やかであることなどを看取できる.

リスク評価期間 (年)	95% ExVaR (億円)	99% ExVaR (億円)
0.5	84	112
1.0	117	158
1.5	134	183
2.0	145	201
2.5	155	219
3.0	158	224
3.5	160	225
4.0	161	226
4.5	163	224
5.0	164	225

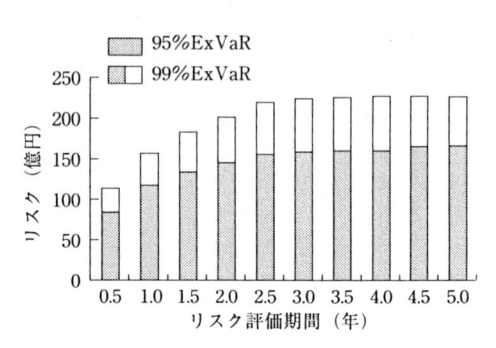

図 2.11 リスク評価期間に対する ExVaR

2.3.2 与信先の分散・集中の効果

　与信の分散・集中の程度を把握・管理することは，信用リスクをコントロールする上で大変重要な項目である．これは，マーケット・リスクが原理的にはヘッジ取引によって自在にヘッジ可能であるのに対し，信用リスクは少なくとも現状では直接的なヘッジ手段が十分には存在しない[*23)]ことによる．このため，ポートフォリオの信用リスクを効果的に削減するには分散投資を進めるべきであるとの指摘が多い．しかしながら，一方で金融機関にとって集中投資を行うことにメリットがないわけではない．例えば，特定の業種や地域に強みをもつことは調査・モニタリングの点で効率的であろう．こうしたトレードオフは一般に与信パラドックスと呼ばれ広く認知されている．これを念頭に置きつつ最適なリスク・プロファイルを選択するには，分散・集中の効果を適切に反

[*22)] トレーディング勘定のマーケット・リスクを計測する従来の VaR では，価格変動がリスク・ファクターの変動に対して線形な資産を扱う場合，リスク評価期間（保有期間）を T としてリスク量（VaR）が $\sqrt{T}$ に比例するという関係がある．第 1 章を参照．

[*23)] 例えば，ある企業に対するローンのデフォルト・リスクをヘッジするために当該企業の株式をショートするといった措置はある程度有効な場合もあるが，意図するヘッジ比率を正確に達成することはできないという意味でかなり粗いクロス・ヘッジのようなものでしかない．また，最近徐々に目立ってきたクレジット・デリバティブを利用すれば，原理的には信用リスクを完全にヘッジすることも可能ではあろうが，現状ではこのマーケットはヘッジ効果に見合う程度の少額コストで取引可能なほどには成熟していないようにも思われる．

映させたリスク量を計測することが有効である．本項では，ExVaR が実際にこうした要件を満足していることを確認するために，いくつかの仮想ポートフォリオを設定し，その ExVaR を算出・比較する．

分散・集中の効果を検討する場合，便宜的に次の 2 つを区分して考えることができる．

① 取引先の分散・集中
② 対象業種の分散・集中

①は，例えばすべての取引先（同一信用度を仮定）を同一業種内に限定したとしても，多数の企業に小規模の貸出を行うことと少数の企業に大規模な貸出を行うことを比較すると，両者の総与信額が同一であってもリスク量は前者の方が小さいという効果である．一方，②は，同数の企業（同一信用度を仮定）に同一規模の貸出を行う場合，少数の業種に属する企業に限って貸出を行うことと多数の業種に属する企業にわたって貸出を行うことを比較すると，両者の総与信額が同一であってもリスク量は後者の方が小さいという効果である．以下，順にこの 2 種類の分散・集中効果を扱い，最後に参考としてデフォルト確率のボラティリティがリスク量に与える影響を確認する．

ポートフォリオ	取引先数 (同一業種)	ローン元本 (億円)	期待 PV (億円)	95% ExVaR (億円)	99% ExVaR (億円)
#2-1	100	10	930	164	225
#2-2	50	20	930	179	251
#2-3	20	50	934	225	300

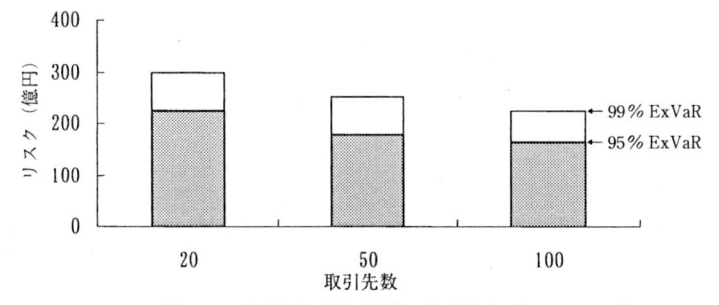

図 2.12 取引先企業数（分散・集中度合い）とリスク量

a. 取引先企業の分散・集中

　ここで利用する3つのポートフォリオは，同一業種（業種2）に属し同一のデフォルト確率を有する取引先企業それぞれ100社，50社，20社に対し，各社当たり1本ずつのローン（元本はそれぞれ10億円，20億円，50億円）を供与しているものである（したがって，総与信額は一定）．図2.12に示す計算結果をみると，ExVaRは取引先数が増加するにつれて減少していることがわか

ポートフォリオ	業種数	各業種内取引先数	ローン元本（億円）	期待PV（億円）	95% ExVaR（億円）	99% ExVaR（億円）
#2-4	1	100	10	933	187	278
#2-5	2	50	10	929	144	188
#2-6	3	33,34	10	927	131	176
#2-7	4	25	10	928	129	169
#2-8	5	20	10	929	129	164
#2-9	6	16,17	10	928	126	161
#2-10	7	14,15	10	927	124	158
#2-11	8	12,13	10	929	122	161

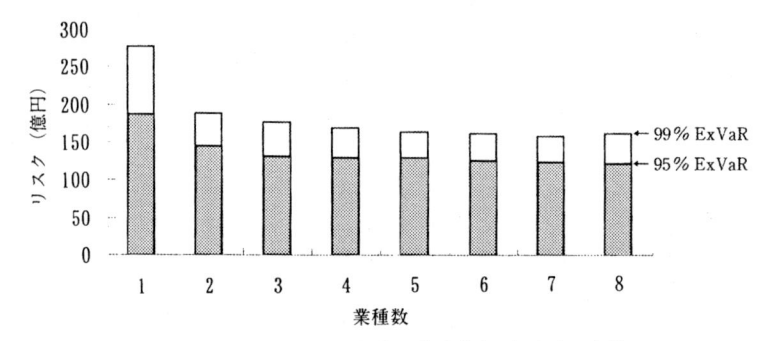

図2.13　取引先業種数（分散・集中度合い）とリスク量

表2.10　ボラティリティとリスク量

ポートフォリオ	業種数	各業種内取引先数	ローン元本（億円）	95% ExVaR（億円）		99% ExVaR（億円）	
				ボラティリティ 1倍	ボラティリティ 2倍	ボラティリティ 1倍	ボラティリティ 2倍
#2-1	1	100	10	164	301	225	497
#2-5	2	50	10	144	232	188	338
#2-7	4	25	10	129	177	169	239
#2-11	8	12,13	10	122	147	161	195

るが，これは，取引先企業の分散・集中の効果が反映されたものである．

b． 取引先業種の分散・集中

ここで利用する8種類のポートフォリオは，いずれも100社の取引先（同一のデフォルト確率）に対し元本10億円のローンを1本ずつ有するものであるが，ポートフォリオにより取引先の業種が1種類，2種類，…，8種類と異なっている．図2.13に示す計算結果をみると，ExVaRは取引先の業種の数が増加するにつれて減少していることがわかるが，これは，取引先業種の分散・集中の効果が反映されたものである．

c． 業種別デフォルト確率のボラティリティとリスク量の関係

ここでは，業種別デフォルト確率のボラティリティとしてヒストリカル・データに基づき算出した値を採用する従来どおりの計算と，この2倍のボラティリティを与えた場合の計算を比較する．表2.10の結果から看取されるのは，①ボラティリティが増加するとExVaRも増大すること，②その増加幅は業種分散が進んでいるほど小さく抑えられることの2点である．

2.3.3 信用リスクとマーケット・リスクの統合・分離

これまで計算したExVaRは，マーケット・リスクと信用リスク（与信集中および予想損失変動リスク）を同時に取り込んだリスク指標であった．ポートフォリオのリスクを統合的に捉えるにはこうした扱いが望ましいと考えられるが，場合によってはマーケット・リスクと信用リスクを分離し個別に評価するニーズもあろう．そこで，本項では，ローン・ポートフォリオおよびスワップ・ポートフォリオを対象として，これらリスクの分離計算を行った．具体的な計算方法としては，信用リスク（信用VaR）を算出する場合には，イール

表2.11 各種リスクとリスクファクターの関係

考慮する リスクファクター	信用リスク*のみ		金利リスクのみ	統合リスク
	与信集中リスクのみ			
デフォルト確率	○	○	―	○
同ボラティリティ	―	○	―	○
イールドカーブ	○	○	○	○
同ボラティリティ	―	―	○	○

* 信用リスク（信用VaR）＝与信集中リスク＋予想損失変動リスク（図2.3参照）

ドカーブの変動を表す主成分ベクトルがいずれもゼロ・ベクトルであるとの条件を置いた上でシミュレーションを行う．一方，金利リスクを算出する場合には，取引先のデフォルト確率がすべてゼロであるとの条件とデフォルト確率のボラティリティもすべてゼロであるとの条件を置いた上で計算を行う（表2.11）．計算結果は，図2.14のとおりである．

2.2.1項で示したExVaRの定義に従うと，ローン・ポートフォリオおよびスワップ・ポートフォリオの各種リスク量を図2.14のグラフのように図示することが可能である．

はじめにローン・ポートフォリオのリスク・プロファイルをみると，与信集中リスクのみを評価する場合と，与信集中・予想損失変動リスクの両方を含んだ信用リスクを評価する場合とで有意な差が観測される．2.2.1項で示したように，与信集中リスクとはポートフォリオが完全には分散投資されていないことに起因するリスクである．換言すれば，理想的な分散ポートフォリオについては，与信集中リスクは限りなく小さくなりうる．したがって，ここで観測される与信集中リスクは，ポートフォリオ中のポジション数が100に止まっているという意味での与信集中に起因すると解釈できる．これに対し，予想損失変動リスクとは，ポートフォリオの分散・非分散とは無関係に，将来のデフォルト確率が不確実に変動する効果から発生するリスクである．これを与信集中リスクに上乗せしたものがトータルの信用リスク量である．統合リスクは，トータルの信用リスクと金利リスクの効果を同時に取り入れて評価したリスク量である．これは，信用リスクと金利リスクを個別に算出した結果の和とは，一般には一致しない．

一方，スワップ・ポートフォリオ（名目元本がローン・ポートフォリオと同一）をみると，信用リスクの大きさがローン・ポートフォリオと比べ極めて小さいことを確認することができる．この理由は，スワップのポジションが取引主体にとって将来どの程度の資産価値（ただし場合によって負の資産〈負債〉ともなりうる）を持つかは確率的な現象であり，その期待値が名目元本に比べてはるかに小さいことによる．また，統合リスクの大きさは，金利リスクを単独で計測した結果よりもわずかながら小さい．これは，あらゆるスワップ・ポートフォリオに対する一般的な性質ではない．ただ，本例のようなケースが発

2.3 信用リスクとマーケット・リスクの統合的計量2　　　　103

ポートフォリオ	取引内容	考慮するリスク	期待PV (億円)	95% ExVaR (億円)	99% ExVaR (億円)
#3-1	ローン	金利リスクのみ	1058	112	143
		信用リスクのみ	934	149	213
		(うち与信集中のみ)	(927)	(71)	(94)
		統合リスク	930	164	225
#3-2	スワップ	金利リスクのみ	58	112	143
		信用リスクのみ	54	4	6
		(うち与信集中のみ)	(54)	(3)	(4)
		総合リスク	53	105	137

ローン（ポートフォリオ#3-1）

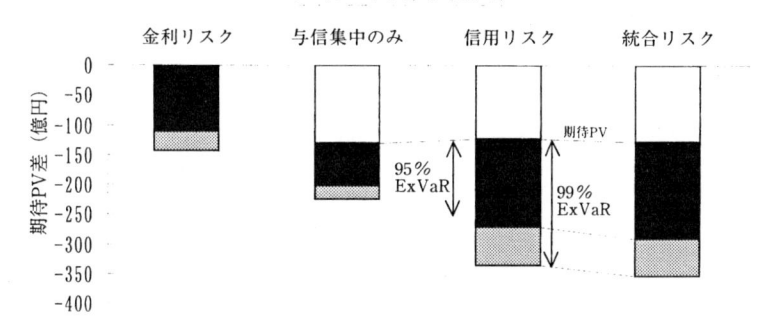

スワップ（ポートフォリオ#3-2）

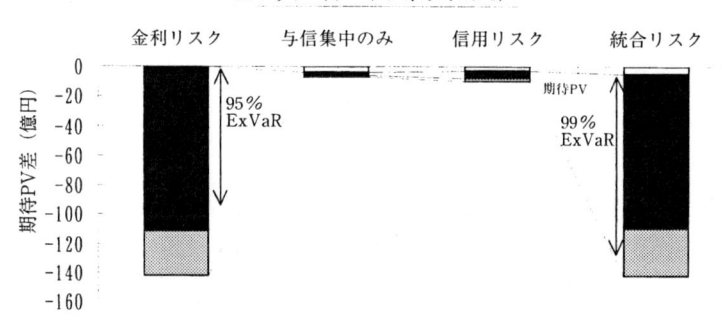

図2.14　信用リスクと金利リスクの分離計算

生しうるのは事実であり，その事情を直観的に解釈するには，取引相手が倒産しない場合には満期時点で非常に大きなロスが引き起こされるような金利パスに対して，取引相手の倒産によりこのパスが満期以前に清算されてしまうこと

でロスが比較的小さく収まるという可能性などを考えればよい．

2.3.4 担保の効果

2.3節ではここまで，無担保資産のみから構成したポートフォリオを取り上げてきた．本項では，担保が付くことに伴い，時価やリスク量にどのような効果が現れるかについて調べる．なお，本項では終始，担保の効果を明瞭に評価するために，金利リスクを除外し信用リスクだけに絞った計算を行う．

a．担保資産の種類別によるリスク評価

担保資産の種類としては，ここでは不動産，株式の2種類だけを想定し，それぞれが対数正規過程に従って変動するモデルを考えた（両者の間には相関あり）．各ポートフォリオはそれぞれ100本の有担保ローンから構成されている

ポートフォリオ	無担保ローン（本）	不動産担保ローン（本）	株式担保ローン（本）	期待PV（億円）	95% ExVaR（億円）	99% ExVaR（億円）
#4-1	100	—	—	930	149	213
#4-2	—	0	100	1037	46	79
#4-3	—	20	80	1037	39	67
#4-4	—	30	70	1038	36	61
#4-5	—	50	50	1038	30	49
#4-6	—	70	30	1039	25	39
#4-7	—	80	20	1039	24	36
#4-8	—	90	10	1040	22	32
#4-9	—	95	5	1040	21	31
#4-10	—	100	0	1040	21	30

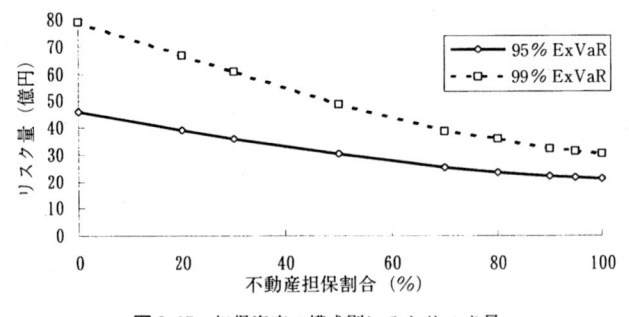

図2.15 担保資産の構成別にみたリスク量

が，担保資産の組み合わせがポートフォリオにより異なる．具体的には，不動産担保ローンのみから成るポートフォリオ，株式担保のみから成るポートフォリオ，両者を組み合わせた複合ポートフォリオ，そして無担保ローンのそれぞれにつき，信用リスク量などを算出した（図2.15）．

計算結果をみると，期待PVは，無担保ローンより有担保ローンの方が大きい．これは，担保の信用補完効果がローンの価値を増大させる（信用リスク・プレミアムを減少させるともいえる）という自然な結果である．また，ExVaRによるリスク量をみると，無担保ローンと有担保ローンの比較ではやはり後者の方が格段に小さい．担保資産の種類に着目してリスク量を比較すると，担保資産価格のボラティリティ（表2.4参照）が相対的に大きい株式を担

回収率	期待 PV (億円)	95% ExVaR (億円)	99% ExVaR (億円)
1.0	514	20	29
0.9	506	22	31
0.8	501	27	38
0.7	495	34	48
0.6	490	40	56
0.5	484	46	65
0.4	479	53	75
0.3	474	60	85
0.2	469	68	96
0.1	465	76	106

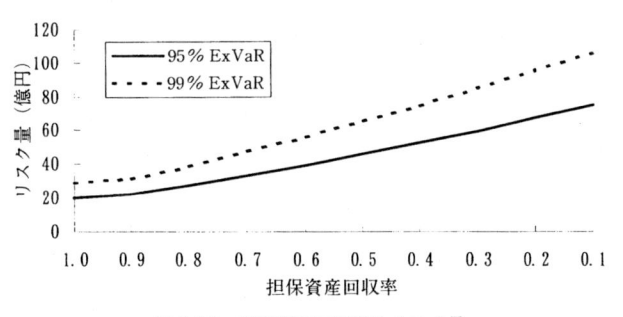

図 2.16 担保資産回収率とリスク量

保とするローンの方が不動産担保ローンよりリスクが大きい．さらに，図2.15のグラフをみると，2種類の担保資産ローンから成るポートフォリオについては，その組み合わせ比率に応じてリスク量をプロットした曲線が下に凸の形状（コンベキシティ）を持つ．これは，担保資産の分散効果によるものと考えられる．

b．回収率の影響

ここまでリスク量算出にあたっては，取引相手がデフォルトした場合に問題となる無担保資産回収率をゼロ，担保資産回収率を0.9と設定してきた．現実には，個別の与信案件の性質によってこれらの回収率は異なりうる．正確なリスク量を算出する要請が非常に強い場合には，個別取引ごとに回収率を推定・入力する枠組みを採用する選択もあろうが，リスク量を概算する上では本例のように平均的な回収率を設定する方法も十分に意味を持つ．ただ，この回収率が変化した場合にリスク量がどの程度変化するかテストしておくことが望ましい．ここでは，特に担保資産回収率を変化させた場合のリスク量を試算した（図2.16）．例えば信頼区間99%のExVaRをみると，回収率が0.9から0.7へ低下することに伴い，リスク量は約5割増大する（31億円→48億円）．このように，回収率の設定はリスク量に大きな影響を与えることが確認される．

2.4　計量された信用リスクの活用方法

第2章ではここまで，信用VaRやExVaRの算定方法と算定結果の特徴を中心に解説を行ってきた．以降は，これらのリスク指標を金融機関の実務で活用していく上で検討しておくべき問題に重心を移して解説を行う．

2.4.1　計量された信用リスクの活用に関する概念整理

第1章でマーケット・リスクのVaRを説明した際，1.2.2項において，計量されたリスク情報をどのように実務に活用していくことができるか簡単に整理した．ここでは，信用VaRやExVaRについて同様の概念整理を行う．マーケット・リスクと重複する点もあるが，あらためて金融機関経営におけるリスク計量結果の活用可能性を理念的にまとめると，図2.17のようになる．

2.4 計量された信用リスクの活用方法

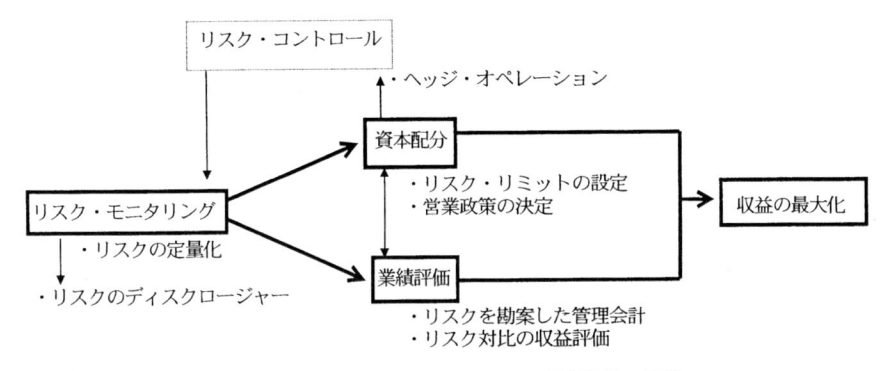

図2.17 金融機関経営におけるリスク計量結果の活用

この図に沿って，順に整理してみよう．まず，リスク計量の基本的な目的は，金融機関が抱えているリスクの大きさを純粋に計測（定量化）するというリスク・モニタリングにある．モニタリングの頻度や計測結果の報告体制は，各種のリスクの性質（どの程度ダイナミックにリスクが変化するかなど）や組織の責任体制に応じて決められるべきである．計測されたリスク情報は，外部の投資家などに対し自らの経営状況をディスクローズする上で利用可能であるほか，金融機関内部で経営方針を策定する上でも重要な機能を担う．

金融機関内部での活用分野としては，大別して，① 業績評価と ② 資本配分（キャピタル・アロケーション）の2つを挙げることができる．まず，① 業績評価についてみると，個別取引の段階とポートフォリオの段階の2点において，リスクとリターンのトレードオフを勘案した収益管理を行うことが少なくとも理念的には望ましいと考えられる．具体的にみると，個別取引の収益管理をする上では，リスク保有に伴うコスト（予想外損失〈VaR〉に見合った資本を保有するためのコスト）を明示的に織り込んで収益を認識するような管理会計が考えられる．例えば，ローンの貸出基準金利（所要スプレッド）の設定にあたっては，

貸出基準金利
$$= 予想損失率 + 資本コスト率（予想外損失見合い分）+ 経費率 \quad (2.2)$$

といった式を設定し，この基準金利を上回って獲得した利子収入を収益と認識

できる．こうしたアプローチについては，2.4.2項で具体的な計算例を示す．
また，個別取引をまとめたポートフォリオの段階の業績評価においても，VaRとして計測された予想外損失がしばしば利用される．例えばよく知られたRAROC（レイロック，risk adjusted return on capital）と呼ばれる指標は，分子にポートフォリオの期中粗利益を，分母にポートフォリオの予想外損失をとった比率である．(2.2)式と対応させるならば，

$$評価指標 = \frac{粗利 - 予想損失 - 経費}{予想外損失（所要資本）} \tag{2.3}$$

と表現することができる．

次に，金融機関内部でのVaRの活用分野として，②資本配分を具体的に見てみよう．これは，(2.3)式による業績評価などによって，個々の金融機関が取り組んでいる各種ビジネスの中でどの部門の収益性が相対的に高いかを判断し，競争上の比較優位があると考えられる部門により多くの資本を投下してビジネス・チャンス（リスクを取ってリターンを狙う機会）を広げていくという手続きである．このためには，性質の異なる各種業務のリスク（信用リスク，マーケット・リスクなど）について，(2.3)式の分母の予想外損失を共通の尺度で評価することが不可欠である（リスク計量上の共通の尺度がないならば，部門間の資本配分を適正に実行できない）．この共通の尺度を提供するのがVaRの考え方であり，その具体例の1つとしてExVaRを紹介した．また，部門間の資本配分を所与とした場合，各部門内におけるミクロなリスク管理においてもVaRの情報は有用である．すなわち，部門内でポートフォリオ単位やトレーダー単位のポジション限度枠を設定する上では，名目取引量によって枠を定義する方法のほかに，VaRによって枠を設定する方法がある．後者の方法では，リスク・ベースでみて意味のあるリスク限度枠を設定できる上，部門全体に対する資本がVaRベースで与えられているケースに，それをさらに部門内で配分する際にも一貫してVaRベースで作業を進められるという点がメリットである．

このようにして資本配分が金融機関のミクロ・レベルおよびマクロ・レベルで的確になされた後には，ビジネス環境の変化に応じて，リスク・ヘッジを行ったり逆にリスク・テイクを行ったりと柔軟かつ機動的に営業政策を策定・遂

行していけばよい．その過程でリスク・プロファイルは随時変化するが，その様子は再びリスク・モニタリングのステップによって捕捉され，さらなる業績評価や資本配分のステップへとつながる形でループを形成する．こうして，リスクとリターンの関係を最適化することによって，金融機関全体としての収益が最大化される．

2.4.2 活用例1：信用リスクを反映した所要スプレッドの理論的算出

本項では，新規ローンに対する貸出基準金利を理論的に設定する1つの手順を提示する．ここでは，ExVaRによって評価されたリスク量に見合う所要プレミアムを算出し，貸出基準金利に盛り込むことを考える．

はじめに注意したいのは，信用リスクは分散投資効果の影響を大きく受ける点である．したがって，ある新規ローンの期待PVやExVaRを測定する上では，当該ローンを単独で評価するのではなく，既存ポートフォリオに対する限界的な効果を評価すべきである．ExVaRをみる上でもこの点に留意しよう．

さて，貸出基準金利を設定する例として，99本のローンから成る既存ポートフォリオに100本目の新規ローンを加える場合を考えよう．問題は，新規ローン（元本10億円）の貸出金利をいくらに設定すればよいかということである．貸出実行時点での支払金額は10億円であるから，限界的な期待PV増加額がちょうど10億円になるような貸出金利を探せばよい．3%から10%までの区間で1%ごとに貸出金利を変化させて期待PVを算出・プロットすることにより解を見いだした結果が，図2.18における貸出基準金利（リスク調整前）である．この金利は，金融機関がリスク中立的である場合にはこのまま適用可能である．

しかし現実には金融機関はリスク回避的であるから，上で求めた貸出基準金利にリスクプレミアムを上乗せすべきである．ここではリスクプレミアムを算出する1つの方法として次のような考え方を採用する．金融機関は，リスク選好度に応じて各自が最適と考える信頼区間のExVaRにより，リスク量を認識する（リスク回避的であるほど，高い信頼区間を採用する）．金融機関は，経営の健全性を維持するために，新規ローンの追加に伴うExVaRの限界的増加額相当の自己資本を必要とすると考える．自己資本は，一般的な負債に比べて

2. 信用リスク

既存ポートフォリオ		新規ローン（1本のみ）			期待PVの限界的増加額	99% ExVaR		貸出基準 金利（%）	
番号	内容	格付（倒産確率%）	担保	貸出金利（%）		限界的増加額	同左資本コスト換算額 *	リスク調整前	リスク調整後
#6-1	ローン99本 全て業種2向け 全て格付6 (倒産確率 3%) 貸出金利5%	格付4 (倒産確率 1%)	なし	3	9.0	1.3	0.08	5.18	5.26
				4	9.5	1.3	0.08		
				5	9.9	1.3	0.08		
				6	10.4	1.3	0.08		
				7	10.8	1.3	0.08		
				8	11.3	1.3	0.08		
				9	11.7	1.3	0.08		
				10	12.2	1.3	0.08		
		格付6 (倒産確率 3%)	なし	3	8.3	1.7	0.10	7.13	7.27
				4	8.8	1.8	0.11		
				5	9.1	1.9	0.11		
				6	9.5	2.1	0.12		
				7	9.9	2.3	0.14		
				8	10.4	2.3	0.14		
				9	10.8	2.3	0.14		
				10	11.2	2.4	0.14		
		格付7 (倒産確率 5%)	なし	3	7.7	4.1	0.24	8.66	8.94
				4	8.1	4.3	0.26		
				5	8.5	4.4	0.26		
				6	8.9	4.4	0.26		
				7	9.3	4.5	0.27		
				8	9.7	4.6	0.28		
				9	10.1	4.7	0.28		
				10	10.5	4.8	0.29		
		格付6 (倒産確率 3%)	あり	3	9.4	1.7	0.10	4.34	4.43
				4	9.8	1.6	0.10		
				5	10.3	1.6	0.10		
				6	10.7	1.5	0.09		
				7	11.1	1.5	0.09		
				8	11.6	1.5	0.09		
				9	12.0	1.5	0.09		
				10	12.4	1.4	0.09		

＊ 資本コスト換算額は、リスク量の限界的増加額に自己資本のリスクプレミアム（ここでは0.06）を乗じて算出。なお、自己資本のリスクプレミアムは、ＣＡＰＭの理論式において市場リスクプレミアムを0.06、ベータ値を1と仮定し算出。この資本コスト換算額を所要リスク・プレミアムと解釈することにより、下記グラフにおける期待ＰＶの曲線に対しリスク調整を施す。

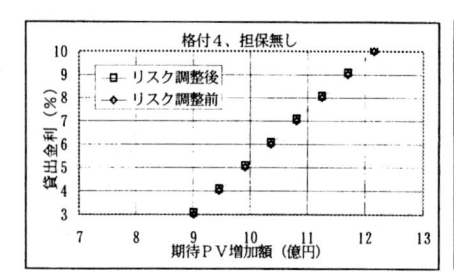

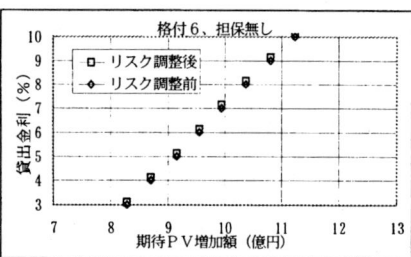

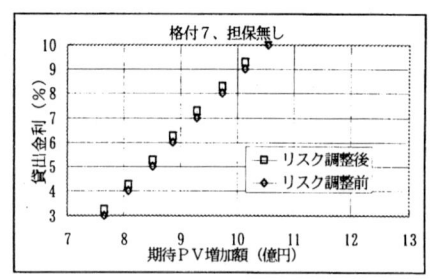

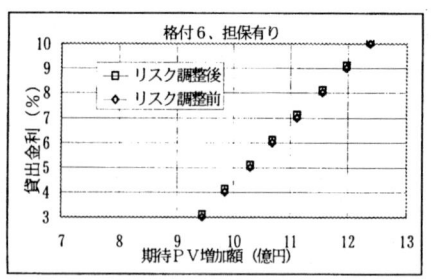

図2.18 貸出基準金利の算出例

割高な資金である．資本コストの推計方法には様々な考え方があるが，ここではその詳細には立ち入らず，1つの方法として，CAPMの理論式に従い当該金融機関の株式ベータにマーケット・リスク・プレミアムを乗じた値が当該金融機関の資本コスト（無リスク金利からのスプレッドとして定義）であると考える[*24]．マーケット・リスク・プレミアムを6％，株式ベータを1と仮定すると，単位金額当たりの資本コストは年率6％であるから，リスクに見合った自己資本を維持することに伴う年間コストは，ExVaRに6％を乗じた金額である．したがって，新規ローンの単位元本当たりExVaRに6％を乗じた利率がリスクプレミアムとして要求すべきスプレッドである．この効果を調整した貸出基準金利を求めると，図2.18におけるリスク調整後の数値を得る．この金利は，新規ローンの期待損失額とリスクを埋めるために必要な最低の金利であると解釈できるから，例えば，金融機関はこれを従来の本支店レートの代わりに利用することも可能である．

図2.18では，格付や担保の有無が異なる4種類のローンを想定し，それぞれを新規に既存ポートフォリオに加える場合の貸出基準金利を算出した．結果をみると，有担保ローンは同質の無担保ローンより低い貸出基準金利となっている．また，格付が悪化するほど貸出基準金利が高くなる傾向も明らかである．こうした傾向は，試算を待たずとも定性的に当然かもしれないが，ここで述べたように論理的かつ定量的な枠組みに基づいてこれらの性質を実務に活用していくことも考えられよう．

2.4.3 活用例2：日本のバブル期の信用リスクを事前に知りえたか？ ～シナリオ分析とストレステスト

本項では，仮にExVaRのような計算に基づく信用リスクの把握が定着していたとしたら，1990年代の日本でバブル崩壊後に起きた金融機関の資産悪化に一定の歯止めがかかったかどうかという設問に対して，簡単な試算を通して技術的観点からその成否を推測する．この命題は，ExVaRがバブル期において将来の資産悪化の可能性をどこまで予測しえたかという問題としても解釈で

[*24] 資本コストの推定方法については，例えばCopeland, Koller and Murrin (1990) を参照．

きる．議論を簡単にするため，以下ではバブルの中でも不動産に焦点を当て，不動産価格の下落が不動産担保ローンおよび不動産業種向けローンのリスクに与える影響を評価する．

まず，仮想的な4種類のポートフォリオを設定する．各ポートフォリオはいずれも100本ずつの不動産担保ローンから成る．相違点は，①融資先業種が不動産業のみに集中しているか逆に業種間分散が行われているか，また②担保割れ[*25]が起こっているか否かにある（具体的には付表のポートフォリオの内容一覧を参照）．次に，表2.12に示したように，担保不動産価格の変動過程（ドリフト，ボラティリティ）および不動産業の倒産確率の変動過程（ドリフト，ボラティリティ）に関して合計5通りのシナリオ（#1～#5）を設定する．このうち，シナリオ#2は，すべてのパラメータがヒストリカルなデータに基づいて設定されたものである．したがって，通常のリスク計算のコンセプト，すなわち過去のデータの延長線上で将来を予測するという考え方に従えば，シナリオ#2に沿って算出したExVaRが予想リスク量といえる．一方，他のシナリオに基づくExVaRの算出は，いわゆるシナリオ分析の一種である．

表2.12 設定シナリオの内容

		不動産価格		不動産業倒産確率	
	特徴点	ドリフト（年率）	ボラティリティ（年率）	ドリフト（年率）	ボラティリティ（年率）
シナリオ#1	地価右上がり	0.20	0.04*	—	0.50*
シナリオ#2	地価ヒストリカル	0.05*	0.04*	—	0.50*
シナリオ#3	地価下落	−0.10	0.20	—	0.50*
シナリオ#4	地価下落・不動産業不況	−0.10	0.20	0.20	1.00
シナリオ#5	地価下落・不動産業大不況	−0.10	0.20	0.50	1.00

* ヒストリカル・データから算出した計数を採用した場合．

以上の4種類のポートフォリオに対して5通りのシナリオに基づく期待PVと信頼区間99%のExVaR（ただし信用リスクのみ）を算出した結果が図2.19

[*25] 実際，いわゆるバブル期には，一部の金融機関は，不動産価格の将来の値上がりを想定して担保不動産価格を上回る規模の融資を行うケースが見受けられたといわれる．

2.4 計量された信用リスクの活用方法　　　113

である．グラフは，期待PVと信頼区間99%での最低PVの差を縦棒により表示しており，棒の長さがExVaRに相当する．まず，シナリオ#2に基づく計算結果をみると，担保ルールを遵守している場合[*26]（ポートフォリオ#5-3, #5-4）には，融資先業種の分散・非分散とは無関係に比較的小さいリスク

ポートフォリオ	ポートフォリオ特徴点	シナリオ1		シナリオ2		シナリオ3		シナリオ4		シナリオ5	
		期待PV	99% ExVaR	期待PV	99% ExVaR	期待PV	99% ExVaR	期待PV	99% ExVaR	期待PV	99% ExVaR
#5-1	不動産業集中・地価上昇想定	1021	32	1006	52	973	114	973	168	960	192
#5-2	業種分散融資・地価上昇想定	1021	31	1005	51	972	113	971	153	960	172
#5-3	不動産業集中・担保ルール遵守	1030	19	1030	19	1017	80	1016	111	1010	129
#5-4	業種分散融資・担保ルール遵守	1030	19	1030	19	1017	80	1016	102	1011	115

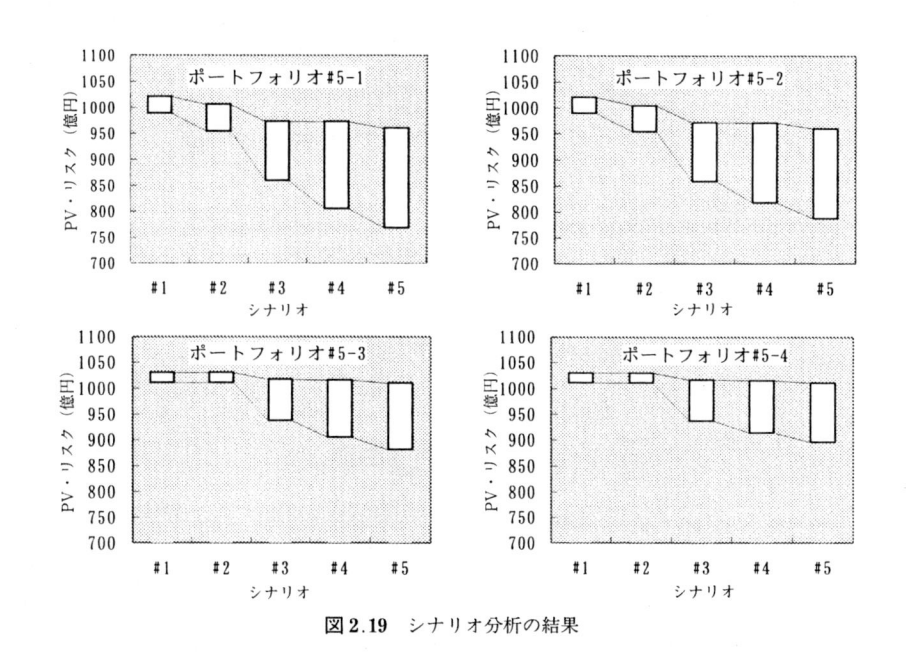

図2.19　シナリオ分析の結果

[*26]　いわゆる担保掛け目を0.8と想定し，これをおおむね満足する融資姿勢を維持している場合．

量（19億円）となっている．一方，担保割れを容認したポートフォリオ（#5-1, #5-2）については，前者との比較では相対的に大きなリスク量（約50億円）となっているものの，その絶対的な水準が期待PV（約1000億円）の約5%程度に止まっているという意味において[*27]，特別に大きなリスクを取っているわけではないと判断できる．ヒストリカルなデータに基づく分析ではこのようにやや楽観的な結果が得られる．

そこで，次に，ヒストリカルなデータを前提とはせず，主観的な複数のシナリオ（#1, #3~5）に基づいて ExVaR を算出する．シナリオ#3は，不動産価格に負のトレンドを与えると同時に同ボラティリティを増加させたシナリオである．このとき，ポートフォリオ#5-1, #5-2のリスク量は約2倍に，#5-3, #5-4のリスク量は約4倍に増加する．この結果は，不動産担保に過度に依存した融資体質の弱点を露呈させた形である．さらに，シナリオ#4, #5は，

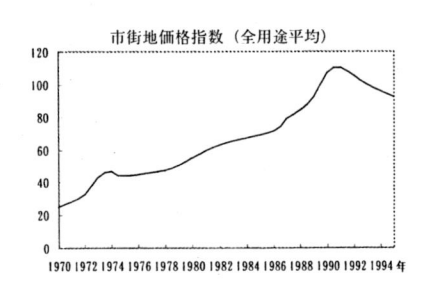

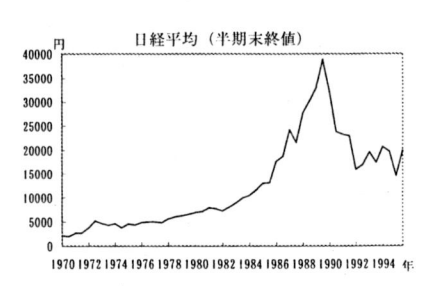

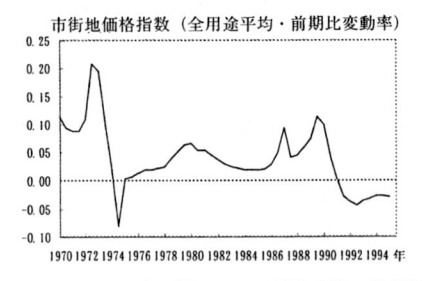

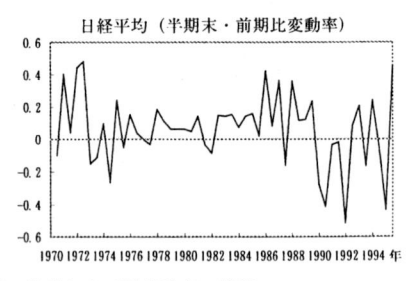

図2.20 不動産価格・株価指数の推移および同変動率の推移

[*27] 例えば，BIS自己資本比率規制における所要最低比率が8%であることを基準に考えた場合，ExVaRの対資産比率が5%であれば，リスク量対比でみた自己資本は十分であるとみることも可能．

不動産価格の下落に加えて,不動産業界が不況に陥ったと想定し,同企業の倒産確率が上昇するというシナリオを与えたものである.このとき,各ポートフォリオのExVaRは一段と増大する.リスクの絶対的水準も極めて高く,担保ルールを遵守していたポートフォリオ#5-3,#5-4でさえ期待PVの1割を超えるリスク量となる.

以上の試算結果をみる限り,不動産価格が右肩上がりで上昇した期間を長く含んだ過去の価格データに基づいて機械的にExVaRを算出するだけでは,バブル崩壊に伴う影響を事前に警告することはできなかったと思われる.

こうした結果を得た原因としては,不動産価格の変動過程として対数正規過程を採用したことが不適切であった可能性を指摘できる.実際,過去の不動産価格の推移は,トレンドに沿って比較的スムーズな変化を示している点とバブル崩壊時に構造変化的な現象(トレンドの急変)が観察される点において,通常の対数正規過程(例えば株価)とは異なった動きを示している(図2.20).このため,不動産価格のデータを対数正規過程にあてはめても,潜在的な構造変化発生リスクを取り込めない上,不動産価格のボラティリティが比較的小さく推定される[28]こともあって,不動産価格の動きに感応的なポートフォリオのリスク量が過小評価されるおそれがある.この点を克服するには,例えばバブルの発生メカニズムを内包するモデルなどによって[29],より正確に不動産価格の動きを捉える必要がある.この点は今後の課題として残されており,その改善によってバブル崩壊のリスクを過去のデータだけから客観的に予測することが可能となるかどうかについて興味が持たれる.ただ,本研究の範囲内でも指摘可能な点として,シナリオ分析の一環で不動産マーケットにストレスが発生する場合の効果を調べておこうという姿勢があれば,ExVaRを利用することにより,その影響の重大さを知りうることに注意したい.この結果は,従来型のマーケット・リスク向けVaRと同様に統合リスク向けのExVaRについても,基本的な機能は平常時のリスクを予測することにあり,それを補完す

---

[28] 本分析では,株価(日経平均株価)のボラティリティが21.1%と推定されたのに対し,不動産価格(全国市街地価格指数)のボラティリティについては3.9%と相対的に小さい推定値を得た.

[29] わが国の地価を分析対象としてバブルの発生メカニズムを検討した研究としては,例えば,西村(1990),加納・村瀬(1996)などを挙げることができる.

るためにいわゆるストレステストなどを併用することが有効であることを示唆する．

2.5　金融実務における信用 VaR の利用実態

　2.4節までは，信用リスク計量の方法と意義を具体的に理解することに焦点を当ててきたが，本節では少し視点を変え，現状，金融機関が実務においてどのような信用 VaR 計量モデルを利用しているかといった実態的側面や，モデル利用上の限界や注意点といった実務的諸問題を整理する．信用リスク計量の研究は現在も前進中の分野であり，さらにモデル開発は研究者が取り組むだけでなく実務家が社内専用に作業している場合も少なくなく，このため，大局的な視点で現在のモデル利用実態を調査するのは難しい面もあるが，ここでは概要を簡単に整理しておこう．

　まず，いくつかの金融機関などはこれまでに開発した信用 VaR 計量モデルを公表しており，注目を浴びている．代表的なものとしては，J. P. Morgan の CreditMetrics（J. P. Morgan (1997) 参照），CSFP社（Credit Suisse Financial Products 社）の CreditRisk+（Credit Suisse Financial Products (1997) 参照），マッキンゼー社（McKinsey & Company）の Credit Portfolio View（Wilson (1997)）などを挙げられよう．また，信用リスク・モデリングの実態調査を踏まえた報告書としては，バーゼル銀行監督委員会（Basle Committee on Bank Supervision）の下に設置されたモデル・タスクフォース（Models Task Force）が1999年4月に公表した「信用リスク・モデル：現状とその活用」（Basle Committee on Bank Supervision (1999)）が参考になる．この報告書は，銀行規制上の所要自己資本を決定する際に信用 VaR 計量モデルによる評価結果の使用を容認すべきかどうかという論点を議論するための検討ペーパーと位置づけられよう．筆者自身も1年以上にわたって同報告書の作成メンバーとして作業に携わったが，最終的な規制上のインプリケーションを引き出す過程で，信用 VaR 計量モデルのメリットと限界・注意点を客観的に対比・分析を行った内容を含んでおり，銀行監督当局だけでなく金融機関の実務家や研究者にとっても一読に値すると考える．本節では，これらの利用可能な情報

をベースとして，現時点における実状を筆者の視点からまとめてみたい．具体的には，各種の信用 VaR 計量モデルのバリエーションと，モデルの限界・注意点について順に取り上げる．

2.5.1 モデルのバリエーション

2.2 節の冒頭で説明したように，信用 VaR を計量するモデルには多数のバリエーションが存在する．それらは，前掲の 2.1 節で解説した概念をほぼ共有しているものの，計算上の種々のパーツに相異なる仮定や前提を設けている．どのような仕様のモデルが最適かは，リスク計量の目的や条件によって変わりうるし，各種のバリエーションを網羅的に列挙することも容易ではない．ここでは，よく知られている信用 VaR の計量モデルで採用されている手法を念頭に置きながら，代表的なバリエーションを 7 つの項目について整理する．

（1） デフォルト事象の発生

一定の確率（デフォルト確率）の下で二項過程（ベルヌーイ過程）によってデフォルトの成否をモデル化する方法が利用されるケースが多いようである．そのほかに，ポアソン過程によってデフォルト企業の数をモデル化する例もある（例えば，Credit Suisse Financial Products (1997) 参照）．本章の ExVaR は，前者の方法を採用した．

（2） デフォルト確率の変動

信用格付遷移行列を用いた離散的確率過程を仮定して将来のデフォルト確率を記述する方法のほかに，信用度を表す状態変数（例えば，与信先の総資産価値）について連続的確率過程（拡散過程など）を仮定する方法もある．後者の方法では，状態変数の水準を閾値で区切って複数のレンジに離散化することにより，そのレンジと信用格付を対応づけした上でデフォルト確率を記述する（詳細については，J. P. Morgan (1997) を参照）．本章の ExVaR モデルは後者の方法の一種であり，デフォルト確率そのものを状態変数と考えて，それが連続的確率過程に従うものとモデル化した．このように状態変数を利用するアプローチの利点は，拡散過程に相関を取り入れることによってデフォルト事象の相関を考慮できることである（デフォルト事象の相関の重要性については，前掲図 2.4 による議論を想起されたい）．また，その他のバリエーションとし

ては，マクロ経済変数も説明変数として取り入れたファクター・モデルによって状態変数を確率過程を記述するアプローチ（Wilson（1997）参照）もある．

（3）損失の定義

デフォルト時の損失だけを認識するか（デフォルト・モード・アプローチ），あるいはデフォルトに至っていなくとも信用度の悪化などにより与信債権の時価が低下した含み損も経済的な損失として認識するか（MTM〈mark to market〉モード・アプローチ）という2つの方法に大別できる．本章のExVaRモデルは後者のアプローチを採用した．一般に，後者の方法の方がリスク評価の精度がより高い一方で，計算負荷がより大きくなる傾向がある．

（4）回収率の扱い

デフォルトが発生した際に与信額の何割を回収できるかという回収率を推定するのは容易でない．現在のところ，与信案件の属性（与信先の信用度，与信期間，担保や保証の形態，優先・劣後性，コブナンツなど）に応じて，過去の経験に基づく回収率をマトリクスとして用意しておくケースが多いものと思われる．この場合の妥当性は，実証的に評価せざるをえない．なお，理論上は，回収率が将来不確実に変動すると仮定してそのリスクも計量に取り入れる考え方もある（J. P. Morgan（1997）参照）．

（5）損失の確率分布およびVaR値の評価

信用VaR（パーセント値で評価したリスク量）の計算方法としては，まずモンテカルロ・シミュレーションによりノンパラメトリックに損失の確率分布を導出した上で，パーセント値を算定する方法がある．本章のExVaRモデルもこの方法を採用した．これに対し，あらかじめ損失の標準偏差と特定のパーセント値が何倍程度離れているかを推定しておいた上で，両者の関係が安定していることを前提として，日常的には損失の標準偏差だけを解析的に評価し，それの定数倍をパーセント値と見なす方法もある．このほか，損失の確率分布そのものをパラメトリックに記述することによって，パーセント値自体を解析的に算出するアプローチ（Credit Suisse Financial Products（1997）参照）もある．

（6）与信相当額（与信エクスポージャー）の評価

やや細かい点になるが，デリバティブズ取引などでは将来不確実に変動する

2.5 金融実務における信用VaRの利用実態

与信相当額をどのように評価するかという問題がある（2.1.2項も参照）。マーケット・レートに対するシミュレーションにより，将来の与信エクスポージャーの平均値（アベレージ・エクスポージャー）を算定するか，あるいは潜在的増加額までを含めた額（ポテンシャル・フューチャー・エクスポージャー）を算定して，信用VaR計量上の与信相当額と見なす方法が比較的よくみられる。このほか，より簡便な扱いとして，ポテンシャル・フューチャー・エクスポージャーの算出にシミュレーションを使わず，いわゆるアドオン・マトリクスを利用するアプローチもあろう。また，単に現時点のエクスポージャー（カレント・エクスポージャー）を与信相当額と見なす方法などもありえよう。

さらに，与信枠（クレジット・ファシリティ）供与に伴う信用VaRを計算する際にも，与信相当額の評価が問題となる。すなわち，将来，与信枠のうちの何割が実際に与信供与されるかは，その時点の環境（与信先の信用度や，マクロ経済状況等）などに依存するので，事前に客観的に評価しておくのは容易でない。ここでも，回収率の推定と同様，過去の経験に基づいて実証的に評価していくアプローチなどが取られる。

（7） 信頼区間とリスク評価期間（保有期間）

信頼区間は，マーケット・リスクのVaRの計算時と同様に，リスク計量の目的（どの程度保守的にリスクを推定したいか）に応じて設定される。傾向としては，99％以上で評価されるケースが多いように思われる。

一方，リスク評価期間（保有期間）については，マーケット・リスクのVaRの計算時と異なり，大別して2通りの方法がある。第1は，会計期間や自己資本積上げの所要対応期間などを勘案しながら，一律の期間（典型的には1年）で固定して計算する方法である。第2は，個々の与信取引の契約期間に応じて，それぞれ満期までをリスク評価期間とする考え方である。本章のExVaRモデルは，後者の考え方を採用した。

2.5.2 モデルの限界と注意点

次に，バーゼル銀行監督委員会の下のモデル・タスクフォースによる報告書「信用リスク・モデル：現状とその活用」（Basle Committee on Bank Supervision（1999））を参考にしながら，信用VaR計量モデルの限界および注意点

について整理しておく．

　第1章でみたように，マーケット・リスクのVaRの有効性（もちろん，一定の限界はあるが）について比較的広くコンセンサスが得られているのに比べると，信用VaRについては，（1）モデル・パラメータの推定に必要なデータの制約と，（2）モデルの正当性の検証（validation）の困難さの2点から，リスク計量結果の頑健性が相対的に低いと考えられる．ただ，この事実がすぐに信用VaRの利用価値を消滅させるわけではない．リスク指標がまったくない状態では，2.4節でみたような各種の経営分析・判断は正確に行えず，金融機関経営者やリスク・マネージャーは直観に大きく依存したビジネスを余儀なくされるであろう．望ましいアプローチは，信用VaRにかかる限界や注意点を的確に認識した上で，それを経営情報の1つとして利用していくという姿勢であると考えられる．

　では，上記の2つの限界・注意点について具体的にみていこう．

　（1）　モデル・パラメータの推定に必要なデータの制約

　信用VaR計量モデルで使われる各種パラメータを正確に推定しようとしても，データの制約をはじめとして障害が存在する．まず，与信関連取引の多くは時価評価をされていないことから，時価が低下するリスクを計量するためには間接的なパラメータを推定しなければならない．例えば，与信先のデフォルト確率や与信債権の回収率などのパラメータを何らかの方法で推定した上で，はじめて当該債権の価値の動きをシミュレートすることができる．こうしたパラメータは，過去のマーケット価格についての長期的な記録に基づいて統計的に頑健に推定できるとは限らず，むしろ限られた期間・サンプルの社内データなどから推定されることも少なくない．あるいは，データ不足を補うために，モデルを単純化するための仮定を先験的に置いたり，代替データを用いるといった妥協的扱いがなされることもあろう．このような事情の背景には，デフォルト事象が頻繁には発生しないために，統計的に十分なデータを蓄積しにくいことがある．こうした限界の存在に対しては，パラメータ推定値に対して算出される信用VaRの感応度を分析し，リスク評価結果にどの程度の誤差が含まれているかを認識しておく必要などがあろう．

（2） モデルの正当性の検証の困難さ

信用 VaR 計量モデルの検証は，マーケット・リスクの VaR モデルに対するバック・テスティングよりも根本的に困難な面がある．マーケット・リスクの VaR のリスク評価期間（保有期間）は，典型的には 1 日から 10 日間程度と比較的短期であるのに対し，信用 VaR のリスク評価期間は 1 年ないしそれ以上と長期の場合が多いからである．このように長いリスク評価期間で，高い信頼区間の VaR を算定するモデルを検証するには，統計上のパワーを確保するために，過去の極めて長期にわたる期間についてバック・テスティングを行う必要がある．直観的にも，複数のビジネス・サイクルにまたがる期間でバック・テスティングを行うのが望ましいことは明らかであろう．しかし，現状では，そのように長期にわたるデータが必ずしも蓄積されていないケースが多いという，フィージビリティの制約がある．また，仮に極めて長期間のバック・テスティングを行える環境が整ったとしても，その間には与信環境に様々な構造変化が発生する可能性が高く，固定されたモデルのフィットを検証することに意味がなくなる可能性も否定できない．

このように，モデルの検証が困難であるという事実は，金融機関にとってリスク計量モデルの活用範囲を拡大する上での制約になるかもしれない．また，銀行などの規制監督当局にとっても，規制上の所要自己資本を算定する上でのモデルの活用可能性に慎重にならざるをえない面が出てくるだろう．このほか，規制上でなく，投資家・株主や規制監督当局が金融機関経営をモニターする上でのツールとしてモデルを活用する際にも，その正当性をどのように評価すべきか検討せねばなるまい．過去のデータに基づきモデル全体としてのパフォーマンスを客観的に検証するのが困難であるわけだから，ありうべき対応としては，モデルを構成する個々のパーツごとに多面的に検証を行っていくしかないのかもしれない．方向性としては，最善の検証を行いつつ，残存するモデル・リスクをしっかり認識しておくということになろう．

（1）と（2）を踏まえ，金融機関に対する自己資本比率規制（いわゆる BIS 規制）との関連について簡単に言及しておこう．まず，金融機関の内部的なリスク計量モデルによって算出された VaR によって規制上の所要自己資本を算定する方式（通称，内部モデル・アプローチ）のメリットを挙げると，

そのモデルが正確であることを前提に，経済合理的な自己資本（economic capital）と規制上の所要自己資本（regulatory capital）の乖離を減らすことが可能であるということである．この乖離が有意に存在すると，規制によって課されるコスト（経済合理的な自己資本を上回って保有することが義務づけられた規制上の自己資本にかかるコスト）を増やすことなく利益を得るチャンスを拡大する（実際のリスクを増加させる）行動が発生することが知られている．これは，規制上の裁定行動（レギュラトリー・アービトラージ，regulatory arbitrage）と呼ばれる．こうした可能性を抑制し，健全かつ効率的な金融機関経営の実現などを目的として，マーケット・リスクにかかる自己資本比率規制について内部モデル・アプローチが認められて現在に至っている．一方，信用リスクに関する内部モデル・アプローチの適用妥当性については，上記のようなメリットは理論上あてはまるものの，リスク計量結果の正確性や各種モデルの比較可能性などの点で看過できない障害が残っており，現時点ですぐに信用VaRに関する内部モデル・アプローチを導入するのは困難ではないか，といわれている（Basle Committee on Bank Supervision（1999）を参照）．

2.6 終わりに

本章では，信用リスクの計量に関する基本概念を解説した上，その理解を深めるために，信用VaRを計量するモデル（実際には，マーケット・リスクと信用リスクを統合的に評価するExVaRを計量するモデル）の実例を具体的に示した．さらに，そのモデルを利用して各種仮想ポートフォリオのリスク量を計算・分析し，ExVaRの機能度を調べるとともに，実務的な応用可能性を探った．

本章の内容を端的にまとめるならば，次の2点を指摘可能である．

① 信用VaRは，マーケット・リスクのVaRの考え方を拡張して，信用リスクの本質を理論的に明確にとらえるリスク指標である．具体的には，担保の効果，与信先の分散・集中の効果，オンバランス取引とオフバランス取引の組み合わせの効果などについて，同一の尺度により，整

2.6 終わりに

合的なリスク計量を実現する．

② 信用 VaR や ExVaR には，こうした優れた機能がある一方で，パラメータの推定やモデルの検証といった点で制約もある．そうした限界を認識した上で，必要に応じストレステスト（シナリオ分析）などの補完的な分析を併用すれば，金融機関経営において有用な情報を得ることができるだろう．

繰り返しになるが，信用 VaR や ExVaR は，柔軟で汎用的なリスク算出のツールである．これは，裏を返せば，モデルの実用化にあたって細かい条件をどのように設定すべきか，個別のパーツごとに慎重な検討を要することを意味する．これまでにも述べたように，リスク管理の方法は個々の金融機関の経営姿勢や目的に応じて異なる点があって自然であり，あらゆる場面で最適な特定のリスク算出方法が存在するわけではない．その意味で，本章で示した ExVaR モデルや，他の著名な信用 VaR モデルも，リスク算出モデルの仕様の具体例以上のものではない．これらを参考にして，所与の環境下で最適なリスク計量モデルを構築し，適切な応用に向かってイニシャティブを発揮していくことが，リスク・マネージャーの重要な任務の1つであろう．

付表 第2章（2.3節, 2.4節）でExVaR算定に利用した各種仮想ポートフォリオの内容

2.3.1 オン・オフバランス取引を統合したリスク評価および流動性の効果

ポートフォリオ #1-1

取引先数	業種1	業種2	業種3	業種4	業種5	業種6	業種7	業種8	倒産確率(%)	(名目)元本(億円)	金利(%)	残存期間(年)	保有期間(年)	担保	時価	概度額	先行抵当
ローン	100								3	10	5	5	5	無			

ポートフォリオ #1-2

取引先数	業種1	業種2	業種3	業種4	業種5	業種6	業種7	業種8	倒産確率(%)	(名目)元本(億円)	金利(%)	残存期間(年)	保有期間(年)	担保	時価	概度額	先行抵当
社債	100								3	10	5	5	1	無			

ポートフォリオ #1-3

取引先数	業種1	業種2	業種3	業種4	業種5	業種6	業種7	業種8	倒産確率(%)	(名目)元本(億円)	金利(%)	残存期間(年)	保有期間(年)	担保	時価	概度額	先行抵当
スワップ(PayFix)	100								3	10	5	5	5	無			

ポートフォリオ #1-4

取引先数	業種1	業種2	業種3	業種4	業種5	業種6	業種7	業種8	倒産確率(%)	(名目)元本(億円)	金利(%)	残存期間(年)	保有期間(年)	担保	時価	概度額	先行抵当
ローン	100								3	10	5	5	5	無			
社債	100								3	10	5	5	1	無			

ポートフォリオ #1-5

取引先数	業種1	業種2	業種3	業種4	業種5	業種6	業種7	業種8	倒産確率(%)	(名目)元本(億円)	金利(%)	残存期間(年)	保有期間(年)	担保	時価	概度額	先行抵当
ローン	100								3	10	5	5	5	無			
スワップ(PayFix)	100								3	10	5	5	5	無			

ポートフォリオ #1-6

取引先数	業種1	業種2	業種3	業種4	業種5	業種6	業種7	業種8	倒産確率(%)	(名目)元本(億円)	金利(%)	残存期間(年)	保有期間(年)	担保	時価	概度額	先行抵当
社債	100								3	10	5	5	1	無			
スワップ(PayFix)	100								3	10	5	5	5	無			

2.3.2 与信先の分散・集中の効果

ポートフォリオ #2-1

取引先数	業種1	業種2	業種3	業種4	業種5	業種6	業種7	業種8	倒産確率(%)	(名目)元本(億円)	金利(%)	残存期間(年)	保有期間(年)	担保	時価	概度額	先行抵当
ローン	100								3	10	5	5	5	無			

付　表

ポートフォリオ	取引先数	業種1	業種2	業種3	業種4	業種5	業種6	業種7	業種8	倒産確率(%)	(名目)元本(億円)	金利(%)	残存期間(年)	保有期間(年)	担保
#2-2 ローン	50	50								3	20	5	5	5	無
#2-3 ローン	20	20								3	50	5	5	5	無
#2-4 ローン	100	100								3	10	5	5	5	無
#2-5 ローン	50	50	50							3	20	5	5	5	無
#2-6 ローン	100	33	33	34						3	10	5	5	5	無
#2-7 ローン	100	25	25	25	25					3	10	5	5	5	無
#2-8 ローン	100	20	20	20	20	20				3	10	5	5	5	無
#2-9 ローン	100	16	16	17	17	17	17			3	10	5	5	5	無
#2-10 ローン	100	14	14	14	14	14	15	15		3	10	5	5	5	無
#2-11 ローン	100	12	12	12	13	13	13	13	13	3	10	5	5	5	無

2.3.3 信用リスクとマーケット・リスクの統合・分離

ポートフォリオ #3-1

取引内容	取引先数	業種1	業種2	業種3	業種4	業種5	業種6	業種7	業種8	倒産確率(%)	(名目元本)(億円)	金利(%)	残存期間(年)	保有期間(年)	担保	時価	極度額	先行抵当
ローン	100	100								3	10	5	5	5	無			

ポートフォリオ #3-2

取引内容	取引先数	業種1	業種2	業種3	業種4	業種5	業種6	業種7	業種8	倒産確率(%)	(名目元本)(億円)	金利(%)	残存期間(年)	保有期間(年)	担保	時価	極度額	先行抵当
スワップ(PayFix)	100	100								3	10	5	5	5	無			

2.3.4 担保の効果

ポートフォリオ #4-1

取引内容	取引先数	業種1	業種2	業種3	業種4	業種5	業種6	業種7	業種8	倒産確率(%)	(名目元本)(億円)	金利(%)	残存期間(年)	保有期間(年)	担保	時価	極度額	先行抵当
ローン	100	100								3	10	5	5	5	無			

ポートフォリオ #4-2

取引内容	取引先数	業種1	業種2	業種3	業種4	業種5	業種6	業種7	業種8	倒産確率(%)	(名目元本)(億円)	金利(%)	残存期間(年)	保有期間(年)	担保	時価	極度額	先行抵当
ローン	100	100								3	10	5	5	5	不動産	10	10	0

ポートフォリオ #4-3

取引内容	取引先数	業種1	業種2	業種3	業種4	業種5	業種6	業種7	業種8	倒産確率(%)	(名目元本)(億円)	金利(%)	残存期間(年)	保有期間(年)	担保	時価	極度額	先行抵当
ローン	50	50								3	10	5	5	5	不動産	10	10	0
ローン	50	50								3	10	5	5	5	株式	10	10	0

ポートフォリオ #4-4

取引内容	取引先数	業種1	業種2	業種3	業種4	業種5	業種6	業種7	業種8	倒産確率(%)	(名目元本)(億円)	金利(%)	残存期間(年)	保有期間(年)	担保	時価	極度額	先行抵当
ローン	80	80								3	10	5	5	5	不動産	10	10	0
ローン	20	20								3	10	5	5	5	株式	10	10	0

ポートフォリオ #4-5

取引内容	取引先数	業種1	業種2	業種3	業種4	業種5	業種6	業種7	業種8	倒産確率(%)	(名目元本)(億円)	金利(%)	残存期間(年)	保有期間(年)	担保	時価	極度額	先行抵当
ローン	80	80								3	10	5	5	5	不動産	10	10	0
ローン	20	20								3	10	5	5	5	株式	10	10	0

ポートフォリオ #4-6

取引内容	取引先数	業種1	業種2	業種3	業種4	業種5	業種6	業種7	業種8	倒産確率(%)	(名目元本)(億円)	金利(%)	残存期間(年)	保有期間(年)	担保	時価	極度額	先行抵当
ローン	50	50								3	10	5	5	5	不動産	10	10	0

付表

2.4.2 活用例1：信用リスクを反映した所要スプレッドの理論的算出

ポートフォリオ #6-1

取引内容	取引先数	業種1	業種2	業種3	業種4	業種5	業種6	業種7	業種8	倒産確率(%)	(名目)元本(億円)	金利(%)	残存期間(年)	保有期間(年)	担保	時価	極度額	先行抵当
ローン	99	99								3	10	3~8	5	5	無			

2.4.3 活用例2：日本のバブル期の活用リスクを事前に知りえたか？

ポートフォリオ #5-1

取引内容	取引先数	業種1	業種2	業種3	業種4	業種5	業種6	業種7	業種8	倒産確率(%)	(名目)元本(億円)	金利(%)	残存期間(年)	保有期間(年)	担保	時価	極度額	先行抵当
ローン	50		10	10	10	50				3	10	5	5	5	不動産	8	10	0
ローン	50		10	10	10	50				3	10	5	5	5	不動産	10	10	5

ポートフォリオ #5-2

取引内容	取引先数	業種1	業種2	業種3	業種4	業種5	業種6	業種7	業種8	倒産確率(%)	(名目)元本(億円)	金利(%)	残存期間(年)	保有期間(年)	担保	時価	極度額	先行抵当
ローン	50	10	10	10	10	10				3	10	5	5	5	不動産	8	10	0
ローン	50	10	10	10	10	10				3	10	5	5	5	不動産	10	10	5

ポートフォリオ #5-3

取引内容	取引先数	業種1	業種2	業種3	業種4	業種5	業種6	業種7	業種8	倒産確率(%)	(名目)元本(億円)	金利(%)	残存期間(年)	保有期間(年)	担保	時価	極度額	先行抵当
ローン	100					100				3	10	5	5	5	不動産	12	10	0

ポートフォリオ #5-4

取引内容	取引先数	業種1	業種2	業種3	業種4	業種5	業種6	業種7	業種8	倒産確率(%)	(名目)元本(億円)	金利(%)	残存期間(年)	保有期間(年)	担保	時価	極度額	先行抵当
ローン	100	20	20	20	20	20				3	10	5	5	5	不動産	12	10	0

2.A 補論：PROBIT モデルを利用した倒産予測モデルの構築手順

2.A.1 PROBIT モデルの概要

2.1.3 項 b. で，企業財務情報から倒産予測を行う各種モデルを説明したが，そのうち利用頻度が比較的大きいと思われる PROBIT モデルについて，参考までにモデルの構築例を示しておこう．

PROBIT モデルとは，質的選択モデルと呼ばれる回帰分析の一種であり，ある事象が起こったか否かを示すダミー変数を，この事象と関連のある説明変数に回帰する．そうして推計した回帰式を用いることにより，これらの説明変数が既知のとき，どの程度の確率でその事象が起こるかを予測することができる．

具体的な倒産予測モデルとしては，例えば説明変数として自己資本比率，経常利益等各種財務比率などの数値，さらに場合によっては対象企業の属性（業種等）に関するダミー変数を用いることができる．ここまでは通常の多変量線形回帰モデルと同じであるが，被説明変数は，倒産する/しないという2種類の離散的な状態だけである．この状態はそれぞれ1と0というインデックスにより表現することができる．PROBIT モデルでは，こうした離散的な最終出力を得る前のステップとして，中間変数を設定する．具体的には，上記の説明変数の線形結合として中間変数（連続的な数値をとりうる）を定義し，これが例えば負の値であれば存続，ゼロまたは正の値であれば倒産を予測するものと解釈する．

このモデルを数式を用いて表すと，次のとおりである．ある企業 i の倒産予測インデックスという被説明変数を y_i，その確からしさを表す中間変数 (latent variable) を y_i^* とおく．説明変数を x_{ij} $(j=1,2,\cdots,k)$ としたとき，y_i^*，y_i はそれぞれ，

$$y_i^* = \beta_0 + \sum_{j=1}^{k} \beta_j x_{ij} + u_i \tag{2.A.1}$$

$$y_i = \begin{cases} 1 & \text{if} \quad y_i^* > 0 \\ 0 & \text{otherwise} \end{cases} \tag{2.A.2}$$

と表せる．このとき，β_0 および $\beta_j (j=1,2,\cdots,k)$ は推定すべき係数であり，u_i

2.A 補論

は誤差項を表す．u_i の分布型がわかっている場合，β_0 および β_j が推定できていれば，逆に $y_i=1$ すなわち倒産が発生する確率を以下の形で算出することが可能となる．

$$\begin{aligned}
\Pr(y_i=1) &= \Pr(y_i^*>0) \\
&= \Pr\left[u_i > -\left(\beta_0+\sum_{j=1}^{k}\beta_j x_{ij}\right)\right] \\
&= 1-F\left[-\left(\beta_0+\sum_{j=1}^{k}\beta_j x_{ij}\right)\right]
\end{aligned} \quad (2.A.3)$$

ここで，$F(x)$ は x の累積密度関数を表す．PROBIT モデルでは，u_i に標準正規分布を仮定するため，F は次に示されるような標準正規累積密度関数になる．

$$F(x) = \int_{-\infty}^{x/\sigma} \frac{1}{\sqrt{2\pi}} \exp\left(-\frac{t^2}{2}\right) dt \quad (2.A.4)$$

以上の倒産確率算出手順を図示すると，図 2.A1 のように表される．図中の斜線部分が $y_i^*>0$ すなわち $y_i=1$ となる場合を示しているので，この部分の面積が倒産確率を表していることになる．

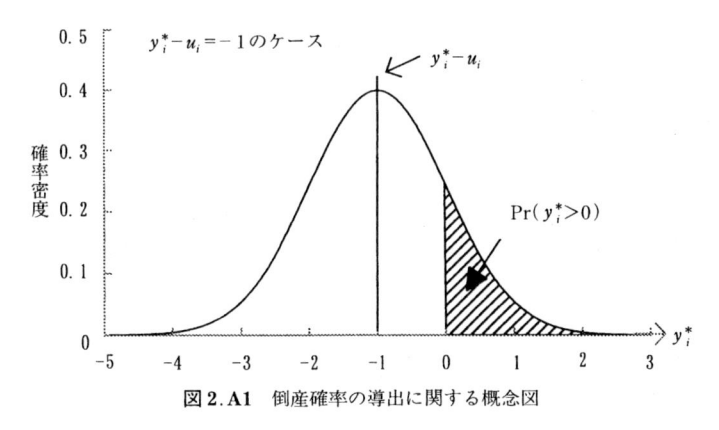

図 2.A1 倒産確率の導出に関する概念図

ここで PROBIT モデルと類似した分析手法である LOGIT モデルおよび TOBIT モデルについて簡単に触れておく．LOGIT モデルは誤差項 u_i に標準正規分布ではなくロジスティック分布を仮定したものである．ロジスティック分布の特徴としては，累積密度関数 F が次式に示され，標準正規分布に比べ

て解析的に扱いやすいことが挙げられる．

$$F(x) = \frac{\exp(x)}{1+\exp(x)} \tag{2.A.5}$$

$$x = \log\frac{F(x)}{1-F(x)} \tag{2.A.6}$$

また，PROBIT モデルは被説明変数が0か1かを推定するモデルであるのに対し，TOBIT モデルは，被説明変数が0か否かを推定した上で，0でない場合にはその水準についても推定するというモデルである．

2.A.2 財務データによる簡単な分析

実際に倒産予測モデルを構築するには，入手可能な企業財務データおよび実際に倒産が発生したか/しなかったかという情報を用い，PROBIT モデルによる回帰分析を行う．説明変数としてどのようなデータの組み合わせを選ぶべきかを決定する方法の1つは，試行錯誤により最も説明力を高めることが可能な変数セットを探すことである．実務的にはこの作業は非常に重要かつ労力を要する部分であるが，ここでは完成度の高いモデルを構築するためではなく，一応の手順を示すことだけを狙いとして，以下のような試行的な計算を行った．

利用したデータは，1965～93年の全国上場企業の財務データ（有価証券報告書ベース）であり，

① この間に倒産した企業の直前決算期の財務データ（入手可能先39社）
② 倒産企業と比較する上で適当な[*30] 存続企業に関する同時期の財務データ（対象先116社）

である．次表に示した各種財務指標の中からいくつかを選んで，PROBIT による倒産予測モデルの説明変数とする場合にどのような組み合わせが優れているか計算を行った．各試行において用いた説明変数とその説明力[*31]は表2.A1のとおりである．

表2.A1をみる限り，試行4～9はいずれも82～84％と比較的高い説明力を有している．しかし，各モデルを再テストするためにモデル構築時の回帰分析とは別の企業財務データ（東証一部上場企業12社〈2.A.3項で扱うデータと

[*30] 存続企業のサンプリングは，業種，業務内容，企業規模などについて各倒産企業と類似した企業を選び出すことによって行った．

表2.A1 各モデルにおける説明変数と説明力

試行番号	1	2	3	4	5	6	7	8	9	10
売上高総利益率	×	×	×	○	○	◎	×	○	○	○
売上高経常利益率	○	○	○	×	×	×	○	×	×	×
流動比率	○	○	×	○	○	×	×	×	×	×
運転資本/総資産	×	○	○	×	○	◎	○	○	×	○
経常収支比率	○	○	○	○	○	×	×	×	×	×
自己資本比率	○	○	○	○	○	◎	○	○	○	○
売上高/総資産	○	×	○	○	×	◎	○	○	○	○
log 総資産	○	○	○	○	○	◎	○	○	○	○
Cashflow/総資産	○	×	×	×	○	◎	○	○	○	×
Interest Cov.	○	×	×	○	○	◎	○	×	×	×
説明力 (%)	77	79	80	84	83	82	83	82	84	79

同一>)を入力して倒産確率を計算したところ,各試行とも多かれ少なかれ,一部企業について実感よりかなり大きい倒産確率を得るなどやや非現実的な結果となった.この中で,比較的問題が少なかったのは試行6であったため,以下ではこれを採用して議論を進める.

試行6のPROBITモデルによる回帰分析から得た倒産予測式は次のとおりである.

$$
\begin{aligned}
y_i^* = \ & 1.84192 \\
& + 0.014979 \times (\text{売上高総利益率})_i \\
& + 0.00127368 \times (\text{運転資本/総資産})_i \\
& - 0.014555 \times (\text{自己資本比率})_i \\
& - 0.00286246 \times (\text{売上高/総資産})_i \\
& - 0.259841 \times (\log \text{総資産})_i \\
& - 0.013156 \times (\text{Cashflow/総資産})_i \\
& - 0.342960 \times (\text{Interest Coverage Ratio})_i \\
& + u_i \quad\quad (2.\text{A}.7)
\end{aligned}
$$

例えば,ある企業 i の財務データを入力して導出された数値が0.5であった場合,前述のように,

[*31)] ここでは,各試行のモデルの説明力を評価する指標を「財務データから計算される倒産確率が50%未満 ($y_i^* - u_i < 0$) である会社 i がその後1年間存続し,倒産確率が50%以上 ($y_i^* - u_i \geq 0$) である会社 i が1年以内に倒産する確からしさ」と定義し,この割合をパーセント表示する.

$$\Pr(y_i=1)=1-\int_{-x}^{0.5}\frac{1}{\sqrt{2\pi}}\exp\left(-\frac{t^2}{2}\right)dt$$

$$=1-0.69146$$
$$=0.30854 \qquad (2.\text{A}.8)$$

であるから，同企業の倒産確率が約31%と推定される．

2.A.3 サンプル企業の推定倒産確率と分散・共分散行列の算出

　実際にローン・ポートフォリオの信用リスク量を評価する際には，融資先の倒産確率のほかに，倒産確率の変動しやすさ（ボラティリティ）や企業間の倒産確率の相関関係を考慮する必要がある．

　例として，東証一部上場企業の中から任意に抽出した大企業12社（4業種〈電機，建設，化学，小売〉につき各3企業）について，有価証券報告書の財務データを用いて1978～94年度の17年間にわたるヒストリカルな倒産確率を算出した（表2.A2）．算出にあたっては，(2.A.7)式のモデルを利用してy_i^*

表2.A2　各企業の倒産確率（年率%）推定値の時系列データ

決算年	電機A	電機B	電機C	建設A	建設B	建設C	化学A	化学B	化学C	小売A	小売B	小売C
78	5.01	18.3	0.45	27.2	18.1	11.3	36.4	31.5	0.00	0.15	0.16	13.1
79	2.89	7.22	0.21	25.6	17.7	10.4	27.0	23.8	0.00	0.02	0.34	9.75
80	2.92	9.23	0.17	24.3	21.0	21.3	32.3	14.9	0.00	2.10	1.98	12.1
81	1.78	6.54	0.02	17.4	14.4	21.9	36.8	27.9	0.00	1.54	1.55	11.2
82	0.67	6.40	0.05	12.1	10.7	22.7	31.7	30.4	0.01	1.11	3.16	14.0
83	0.12	4.24	0.07	13.8	12.2	35.7	25.5	14.9	0.24	0.97	6.38	12.3
84	0.00	0.87	0.03	16.0	18.9	31.7	21.9	0.96	0.58	3.34	5.10	10.6
85	0.13	3.85	0.02	21.1	19.6	27.1	17.3	0.43	1.07	2.70	1.55	8.37
86	1.02	8.91	0.51	17.0	20.3	20.5	8.67	0.32	0.67	1.82	0.11	5.34
87	0.12	3.56	0.72	13.0	13.5	8.97	0.06	0.02	4.21	0.50	0.01	3.00
88	0.00	0.57	0.03	5.18	6.90	2.96	2.15	0.01	1.22	0.01	0.00	4.43
89	0.03	0.31	0.03	2.92	6.03	0.70	2.21	0.09	0.52	1.62	0.00	6.93
90	0.12	0.74	0.14	4.01	3.12	1.12	0.93	0.26	0.59	7.02	0.03	10.8
91	1.37	7.17	0.69	4.33	2.49	1.75	0.03	0.17	0.07	14.9	0.62	10.0
92	3.53	10.5	7.04	6.14	11.1	4.10	7.31	0.38	0.00	24.4	4.02	13.3
93	3.40	7.56	15.1	15.7	30.0	3.79	10.9	0.26	0.00	21.5	5.96	11.5
94	1.18	4.07	12.1	23.7	30.2	2.95	12.3	0.01	0.00	24.6	8.81	13.5

を計算し，それを (2.A.3) 式と (2.A.4) 式によって倒産確率に変換した．さらに，これをもとに各企業の倒産確率の相関および分散・共分散を表す行列を作成した（表2.A3）．

表 2.A3 倒産確率に関する相関および分散・共分散

各企業の推定倒産確率（年率%）に関する相関係数行列

	電機A	電機B	電機C	建設A	建設B	建設C	化学A	化学B	化学C	小売A	小売B	小売C
電機A		0.81	0.75	0.08	0.39	−0.20	0.29	0.40	−0.49	0.82	0.61	0.65
電機B			0.41	0.24	0.35	0.23	0.32	0.54	−0.30	0.56	0.34	0.37
電機C				0.45	0.75	−0.28	0.47	0.00	−0.41	0.84	0.93	0.67
建設A					0.89	0.61	0.82	0.13	0.06	0.19	0.58	0.12
建設B						0.34	0.79	0.10	−0.12	0.42	0.76	0.28
建設C							0.62	0.56	0.23	−0.39	−0.18	−0.32
化学A								0.51	−0.33	0.31	0.59	0.38
化学B									−0.36	0.14	−0.03	0.33
化学C										−0.60	−0.44	−0.75
小売A											0.85	0.90
小売B												0.74
小売C												

各企業の推定倒産確率（年率%）に関する分散・共分散行列

	電機A	電機B	電機C	建設A	建設B	建設C	化学A	化学B	化学C	小売A	小売B	小売C
電機A		3.61	5.25	0.79	4.99	−2.17	2.14	0.08	−0.76	10.41	2.30	2.93
電機B			0.00	0.00	0.00	0.00	0.00	0.00	0.00	0.00	0.00	0.00
電機C				17.81	40.10	−12.86	14.65	0.00	−2.69	44.72	14.89	12.79
建設A					64.76	38.60	34.45	0.15	0.50	14.05	12.57	3.15
建設B						28.96	44.38	0.14	−1.47	40.70	22.23	9.58
建設C							30.68	0.72	2.35	−32.91	−4.56	−9.68
化学A								0.44	−2.29	17.70	10.07	7.62
化学B									−0.06	0.21	−0.01	0.17
化学C										−7.06	−1.58	−3.17
小売A											24.78	31.22
小売B												7.72
小売C												

2.A.4 考　察

最後に，これまでに示した倒産予測モデル作成のフレームワークについて，（1）説明力の限界と（2）倒産確率の期間構造という2つの問題点を指摘し

ておく．

(1) 説明力の限界

前述のように，東証一部企業の財務データによるテスティングの結果をみると，倒産確率が異常に高いケースがあるなどの問題点が観測された．これは，今回の分析モデルのフレームワークがかなり単純であることも影響していると考えられる．業種分類などに関するダミー変数の設定や，時系列データを用いたパネル分析への拡張により，モデルの説明力をある程度向上させることが原理的には可能と考えられる．ただ，現実問題として本分析では，利用可能な倒産企業データに量的な制約があったため，このように説明変数を増やすことができなかった．例えば分析対象とする倒産企業を非上場企業などにまで拡大して入力データ数を増やすことができれば，より精緻なモデルを作ることができると思われる．もっとも，あらゆる企業の特性を公平かつ完全に評価するモデルを構築することは，ほぼ不可能であろう．すなわち，説明変数となる財務データが，企業活動およびその健全性に関する情報を完全に網羅しているとは考えにくい．経営者の資質などの定性的な要素が企業の健全性に及ぼす影響も大きいと考えられることから，現実的な信用度評価としては従来の審査手法に基づく評価が加味される必要があろう．

ただし，金融機関においてこうした定量的・客観的な信用度推定モデルが有効となる場面も存在しえよう．すなわち，与信エクスポージャーが大きい融資先に対しては，厳密な信用度評価（倒産予測）が必要であろうが，例えば，与信エクスポージャーがさほど大きくない融資先（典型的にはリテールの分野）については，個別にみてある程度の誤差があったとしても，集団でみてほぼ正しい倒産予測ができていれば十分という判断もありうる．この場合，審査事務の一部の合理化としてこうしたモデルの導入を検討することも考えられる．

(2) 倒産確率の期間構造

倒産予測モデルから推測できるのは決算後1年以内の倒産確率であるが，貸出のように長期にわたる信用リスクを考える場合，数年先までの倒産確率（金利でいえばスポットレートの期間構造に対応）またはフォワード倒産確率（同フォワードレート）を考える必要がある．このために考えられる方法としては，

(i) モデルによって将来の倒産確率の変動過程を確率的に記述すること
(ii) 独自の情報や格付機関の公表データをもとに，ヒストリカルな期間構造を算出して将来の予測に適用すること

などを挙げることができる．(i)の方法の一例は，2.2節におけるモデル分析にみることができる．一方，(ii)の方法の例としては，Moody'sやS&Pなどが発表した過去の債券デフォルト率に関するデータをもとに，格付別の累積倒産確率の期間構造（計算例，図2.A2）やフォワード倒産確率の期間構造（計

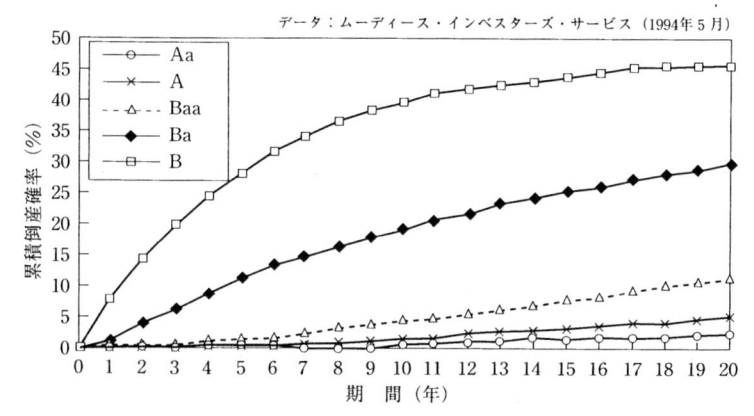

図2.A2 格付別にみた累積倒産確率の期間構造

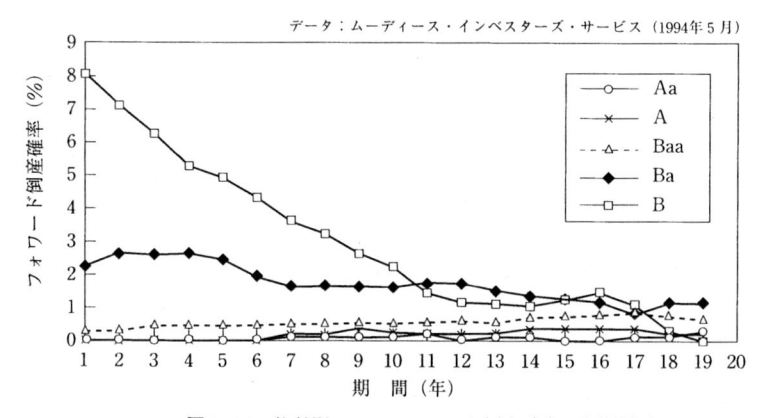

図2.A3 格付別にみたフォワード倒産確率の期間構造

算例,図2.A3) を導くことが可能である.ただこの場合には,米国を中心とするデータとわが国における実状との間のありうべき乖離を何らかの方法により調整する必要があるという指摘もある.さらに,長期的な予測を行う場合には,マクロ経済要因(ビジネスサイクルなど)の影響を取り込むことによって一段と正確な結果を得ることが可能になると思われる.

参 考 文 献

アルトマン,E.I.著,青山英男訳,『現代大企業の倒産—その原因と予知モデルの包括的研究—』,文眞堂,1992.

アルトマン,E.I.,『企業倒産』,文雅堂銀行研究社,1975.

奥代英樹他,「公開企業の信用力分析」,『財界観測』,野村総合研究所,1995年7月.

小田信之・村永 淳,「信用リスクの定量化手法について:ポートフォリオのリスクを統合的に計量する枠組みの構築に向けて」,『金融研究』,第15巻第4号,日本銀行金融研究所,1996年11月.

加納 悟・村瀬英彰,「地価形成に関する一考察—バブルとオプション—」,『一橋大学経済研究』,第47巻第1号,1996年1月.

後藤実男,『企業倒産と会計情報』,千倉書房,1989.

スタンダード・アンド・プアーズ,「格付とデフォルトの関係」,1994年5月.

関野勝弘・杉本浩一,『リスクマネジメント;派生商品で変貌するALM手法』,金融財政事情研究会,1995.

西田真二,『ALM手法の新展開;信用リスクの定量的手法による再構築』,日本経済新聞社,1995.

西村清彦,「日本の地価決定メカニズム」,西村清彦・三輪芳朗(編)『日本の株価・地価』,東京大学出版会,1990.

日本銀行,「バリュー・アット・リスク(Value at Risk)の算出とリスク/リターン・シミュレーション」,『日本銀行月報』,1995年4月.

ムーディーズ・インベスターズ・サービス,「企業の信用力の変化を測定する」,『ムーディーズ・スペシャル・リポート』,1994年3月.

ムーディーズ・インベスターズ・サービス,「債券のデフォルトとデフォルト率」,『ムーディーズ・スペシャル・リポート』,1994年5月.

森平爽一郎,「倒産確率の推定と信用リスク管理モデル」,Mimeo,1994.

若杉敬明・佐々木正信,「来たるべき信用リスクマネジメントのビジョン」,『地銀協月報』,1995年11月.

Backman, A. C., *et al.*, *Derivative Credit Risk*; *Advances in Measurement and Management*, 1995, Risk Publications.

Basle Committee on Bank Supervision, *Credit Risk Modelling*: *Current Practices and Applications*, Bank for International Settlements (BIS), April 1999 (http://www.bis.org).

Boyes, W. J., D. L. Hoffman and S. A. Low, "An Econometric Analysis of the Bank

Credit Scoring Problem." *Journal of Econometrics*, July, 1989, pp.3-14.

Copeland, T., T. Koller and J.Murrin, *Valuation : Measuring and Managing the Value of Companies*, 1990, John Wiley & Sons.

Credit Suisse Financial Products, *CreditRisk$^+$*, 1997 (http:// www.csfp.csh.com).

Duffee, G. R., "On Measuring Credit Risks of Derivative Instruments." *Finance and Economic Dicussion Series* 94-27, Federal Reserve Board, 1994.

Duffee, G. R., "The Variation of Default Risk with Treasury Yields." Mimeo, Federal Reserve Board, 1995.

Duffie, D. and M. Huang, "Swap Rates and Credit Quality." *Journal of Finance*, **51** (3), 1996, pp.921-49.

Duffie, D., M. Schroder and C. Skiadas, "Recursive Valuation of Defaultable Securities and the Timing of Resolution of Uncertainty." *Annals of Applied Probability*, **6** (4), 1996, pp.1075-90.

Duffie, D. and K. Singleton, "Econometric Modeling of Term Structrure of Defaultable Bonds." Working Paper, Graduate School of Business, Stanford University, 1994.

Grenadier, S. R. and B. J. Hall, "Risk-based Capital Standards and the Riskiness of Bank Portfolios : Credit and Factor Risks." *NBER* Working Paper No.5178, 1995.

Jarrow, R. A. and S. M. Turnbull, "Pricing Derivatives on Financial Securities Subject to Credit Risk." *Journal of Finance*, No.1, pp.53- 85, 1995.

Johnsen, T. and R. W. Melicher, "Predicting Corporate Bankruptcy and Financial Distress : Information Value Added by Multinomial Logit Models." *Journal of Economics and Business*, **46**, 1994, pp.269-286.

J. P. Morgan, *CreditMetrics^{TM} — Technical Document*, April 1997 (http://www.jpmorgan.com).

Madan, D. B. and H. Unal, "Pricing the Risks of Default." Working Paper, College of Business, University of Maryland, 1993.

Merton, R. C., "On the Pricing of Corporate Debt : The Risk Structure of Interest Rates." *Journal of Finance*, **29**, 1974, pp.449-470.

Wilson, T., "Portfolio Credit *Risk* (I) (II)" *Risk*, **10** (9,10), September and October, 1997.

Wu, C. and C. Yu, "Risk Aversion and the Yield of Corporate Debt." *Journal of Banking and Finance*, **20**, 1996, pp.267-281.

3

デリバティブズ価格に基づく市場分析とリスク管理

3.1 デリバティブズ価格と市場分析

　本章[*1]の目的は，デリバティブズの市場価格から市場参加者の市場予測に関わる情報を抽出し，市場分析やリスク管理に活用していく方法を包括的に整理することである．ポートフォリオのリスクを的確に把握するには，第1章，第2章で検討したように客観的なリスク指標を算出するだけでは必ずしも十分でなく，将来の市場動向の予測も重要な役割を果たす．市場予測の方法には様々なテクニックがある．本章では，各種の方法論を網羅的に整理するのではなく，デリバティブズの市場価格から抽出可能な情報に基づく市場予測の可能性に論点を絞る[*2]．この点で本章は，リスク分析といっても，VaRによるリスク計量とは大きく異なった視点から，市場情報を活用するアプローチを検討する．

　さて，デリバティブズ取引の発展は，金融市場に様々な影響をもたらしてきた．その長所・短所には多様な側面がありうる．例えば本書の姉妹書『金融デリバティブズ』で解説する主たる内容（適切なプライシング方法やリスク・ヘッジ方法など）は，デリバティブズ取引を行う者がポートフォリオのリスク・プロファイルをより柔軟に変更可能になったというインプリケーションにつながる．これに対し本章の内容は，直接取引を行わない者にとってさえも，デリ

[*1] 本章の内容は，小田・吉羽 (1998) をもとに加筆・修正を施したものである．共同研究成果の一部を本書で利用することをご快諾下さった吉羽要直氏に感謝申し上げる．

[*2] この意味では，本章の内容は，本書全体のテーマである金融リスクの計量分析と，本書の姉妹書『金融デリバティブズ』のテーマであるデリバティブズ取引の中間的な内容であると位置づけることも可能である．

バティブズ取引の価格動向に着目することにより，将来の市場価格に関する市場期待をより深く分析することが可能になったというインプリケーションを持つ．こうした側面は，民間セクターだけでなく，金融経済政策の運営に携わる政府や中央銀行にとっても貴重な情報をもたらすであろう[*3]．

特に注目すべき点は，各種のデリバティブズの中でもオプション商品の価格情報には，将来の原資産価格に関する確率分布情報が含まれているということである．こうした情報は，非オプション商品の市場価格からは得られない新しいタイプの情報である．本章では，この内容を詳しく解説した上で，市場価格から確率分布を導出するための様々な手法について，先行研究のサーベイを交えながら説明を行う．さらに，実際にわが国の株価指数オプション取引データへの応用を通じて，本分析の有効性や手法の選択基準などに関する示唆を得る．

具体的には，まず3.2節でデリバティブズ価格からどのような市場情報を抽出できるのか，基本的な考え方を整理する．そこでは，まずオプション商品に特有の情報について平易に説明し，さらに先物・スワップなども含めた他のデリバティブズ商品の情報についても同様に整理する．また，こうした情報が有する市場予測力について，過去の実証研究の結果などをレビューする．次に3.3節では，有益な情報源であるオプション商品の市場価格の実務的な利用方法に焦点を絞り，将来の原資産価格の確率分布を導く各種方法について技術的な点を詳細に解説する．それを踏まえ，3.4節では，わが国の株価指数オプション市場の価格情報を利用した若干の応用例を示しつつ，現在の市場環境（デリバティブズ取引の多様性や流動性など）を前提とした場合にどのような分析手法が有効であるか，またどの程度精緻な予測を追求可能であるのかについて考察する．

[*3] デリバティブズの市場価格情報の活用というテーマとともに，デリバティブズの出現によって金融政策の波及メカニズムがどのように影響を受けたかといった問題なども網羅的に整理した文献として，国際決済銀行（BIS）のユーロ委員会（ECSC〈Euro Currency Standing Committee〉）がまとめたアヌーン報告書（Bank for International Settlements (1994)）が参考になる．

3.2 デリバティブズの市場価格などから導出可能な情報

3.2.1 デリバティブズ商品価格に含まれる市場情報の導出方法
a．分析の背景

金融商品の市場価格は，市場参加者の相場感を端的に反映して形成される．したがって，原理的には，現時点で観測される市場価格情報を詳細に分析することにより，市場参加者の相場に対する見方を推測することが可能である．

デリバティブズの出現に象徴されるように，金利・債券，株式，外為，コモディティの各市場において取引される商品が多様化するにつれて，観測できる市場価格情報が増加してきた．この結果，市場参加者の相場感を推測するプロセスも多様化し，以前には知ることのできなかった種類の情報（例えば，将来の予想価格の確率分布）を導出したり，従来から行ってきた推定の信頼度を高めたりすることが可能になった．

本項では以下，デリバティブズ商品の市場価格情報を利用してマーケットの将来をどのように予測できるか整理する．具体的には，b.でオプションの市場価格情報を活用する手法を扱い，c.では先物・先渡・スワップの市場価格情報の活用を取り上げる．ここでは，原資産の種類を特定せず，金利・債券，外為，株式，コモディティなどいずれの市場でも適用可能な議論を行う．次に，d.において，先物・先渡・スワップ価格の中でも特に金利関連市場の情報に焦点を当て，イールドカーブ分析の方法論を整理する．

b.からd.では，議論の見通しをよくするため，市場参加者がリスク中立的であるという世界を想定して話を進めることにする[*4)]．この仮定の妥当性については3.2.2項で言及するが，あらかじめ概略を述べると，原資産の種類により近似的に仮定が成立するものもあれば，そうでないものもある．もっとも，後者についても，リスクプレミアムの大きさを計測できる場合にはその効

[*4)] 市場参加者がリスク中立的であるという仮定の成否は，資産価格の期待収益率の取扱いに影響を与える（詳細は3.2.2項）が，デリバティブズの価格理論には影響を与えない点を指摘しておく．デリバティブズの価格理論のほとんどは，無裁定条件（リスクを取らない場合にはr〈リスク・フリー・レート〉を超える収益率を稼ぐことができないという条件）を前提とするものの，市場参加者のリスク中立性までは要求していないからである（Hull（2000））．

果を修正することにより，本章で論じたリスク中立的な世界での議論を適用できることが知られている．

b. オプション価格からの原資産価格確率分布の推測

オプション商品（以下，満期時点で権利行使が可能になるヨーロピアン・オプションだけを分析の対象とする[*5)]）の時価（図3.1左）は，満期時点に原資産価格がどのような確率でどのような水準にあるかという予想分布（図3.1右）に応じて形成される（図3.1矢印A）．したがって，市場で観測したオプション価格から，逆に将来の予想原資産価格の分布型がどのような形であるのか調べることができる（図3.1矢印B）．

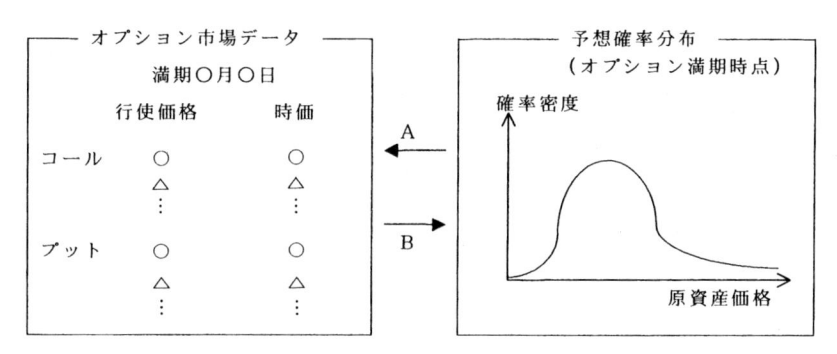

図3.1 オプション商品の時価と満期時点における原資産価格の予想確率分布

オプション商品の時価の形成プロセスを直観的に示すと，図3.2のとおりである．市場参加者が将来のある時点における原資産価格に関して何らかの確率分布（確率密度関数）を予想している（図A）と考えると，商品の約定内容に従い実現する受渡金額（ペイオフ）およびこれを無リスク収益率で割り引いた割引現在価値についてもそれぞれ確率分布が存在し（図B，C），これに基づく割引現在価値の期待値がオプション商品の時価となる．なお，将来の価格について確率分布という形で情報を抽出できるのは，オプション商品の市場価

[*5)] アメリカン・オプションは，期前行使の可能性を認めた商品であるため，満期時点の原資産価格のほかに満期以前の原資産価格の予想値からも影響を受けて価格形成が行われる．このため，将来の原資産価格の確率分布を予想する上での扱いが複雑になる．アメリカン・オプションについても，その価格を近似的に算出する公式（Barone-Adesi and Whaley (1987)）などを利用した分析が可能ではあるが，この問題には立ち入らない．

3. デリバティブズ価格に基づく市場分析とリスク管理

現時点

オプション価値

↑ 期待値

将来時点

図A：原資産価格の予想分布

確率密度（リスク中立）

原資産価格

↓ ペイオフを決める約定内容

図C：現在価値化した
ペイオフの予想分布
確率密度

割引現在価値

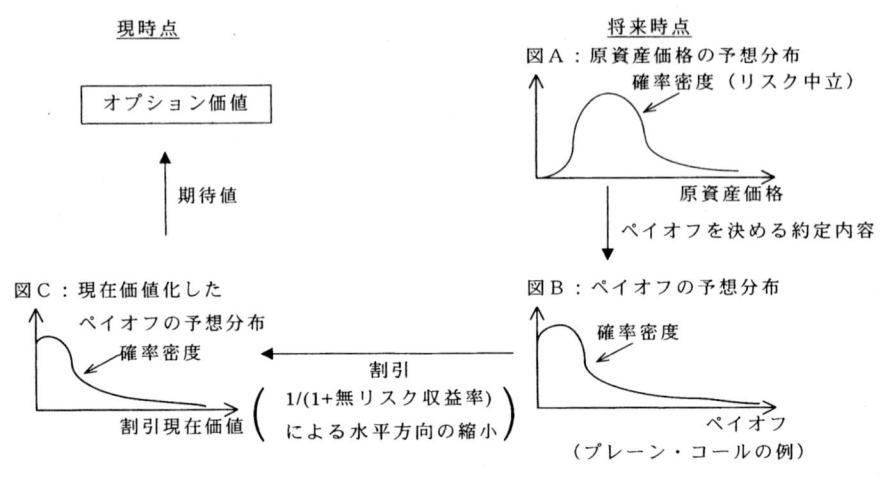

← 割引
1/(1+無リスク収益率)
による水平方向の縮小

図B：ペイオフの予想分布

確率密度

ペイオフ
（プレーン・コールの例）

図3.2　オプション商品の時価形成に関する概念図

格に特有の性質であり，オプション商品以外のデリバティブズ（先物・先渡・スワップなど）取引にはみられないものである．

将来の予想原資産価格の確率分布を導出する方法については，どのような仮定を置いて計算するかにより，様々なバリエーションがありうる．ここではそれらを次の（1）〜（4）に分類し，各々の特徴点などを簡単に示しておこう．技術的な導出方法についての詳細は，3.3節で解説する．

（1）将来の原資産価格の分布型として対数正規分布[6]を先験的に仮定し，ブラック-ショールズ式を利用してインプライド・ボラティリティ[7]を算出する方法[8]（図3.3参照）

---

[6] 原資産価格の対数値が正規分布に従うとき，原資産価格が対数正規分布に従うという．なお，原資産価格の分布として単純な正規分布の代わりに対数正規分布を仮定するのが通例となっている理由は，もし前者を仮定すると原資産価格が負の非現実的な値を取る可能性があるという問題が生ずるためである．これに対し，原資産価格の対数値に対し正規分布と仮定することは，原資産の価格変動率（収益率）に対し正規分布と仮定していることと同一である．このとき，価格変動率自体は負の値を取りうるが，原資産価格は常に正の値を取ることとなるので，前述の問題を回避できる．また，実証研究をみても，多くの原資産価格は，正規分布より対数正規分布による方が近似精度が高いことが知られている．

[7] 原資産価格の対数値が従う正規分布の標準偏差（分散の平方根）．

[8] この計算の目的は，分布の標準偏差の導出にあり，分布の平均を算出する必要はない．これは，後掲3.3.1項で述べるように，リスク中立的な世界における確率分布の平均値は無リスク収益率を反映した値に確定しているためである．

計算の簡便性，理解の容易さ，所要データの少なさ[*9]などのメリットから，現在最も頻繁に利用されている分析方法である．ただ，現実の原資産価格データは，多くの場合，対数正規分布では必ずしも十分な近似を得られないことが知られており，そのずれが問題になりうる．

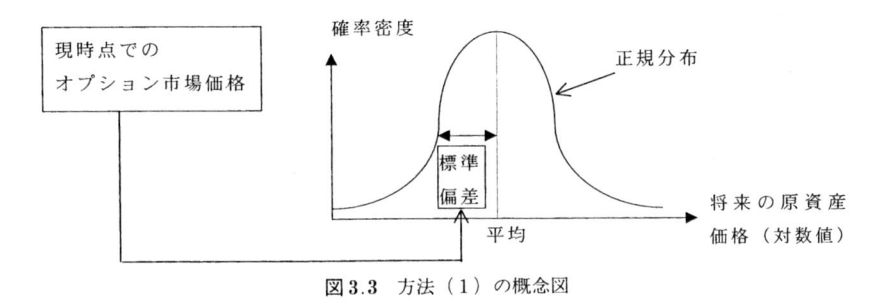

図3.3 方法（1）の概念図

(2) 対数正規分布を出発点とするものの，併せてそれからのずれも評価しようとする方法（図3.4参照）

(1)で捉えられなかった対数正規分布からのずれを表すいくつかの指標も算出する方法である．具体的には，分布の非対称性や裾野部分の厚み（ファット・テール，fat tail）を評価する指標をインプライド・ボラティリティと同時に推定する．

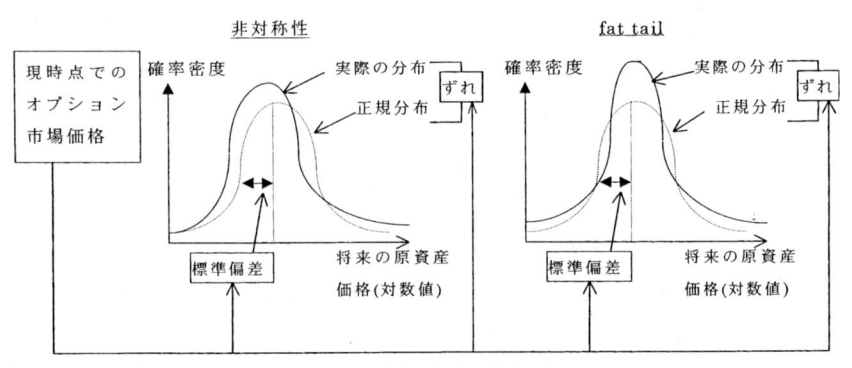

図3.4 方法（2）の概念図

[*9] この方法では，たった1つのオプション価格を観測しただけでも，結果を得られる．

（3） より現実的な確率分布型を仮定した上，分布のパラメータを特定する方法（図3.5参照）

単純な対数正規分布の代わりに，より現実的と思われる分布型をパラメトリックに仮定し，分布のパラメータを推定する方法である．どのような分布型を出発点とするかによって多くのバリエーションがある．一例としては，複数個の対数正規分布を重ね合わせた分布型を前提として分析することができる．

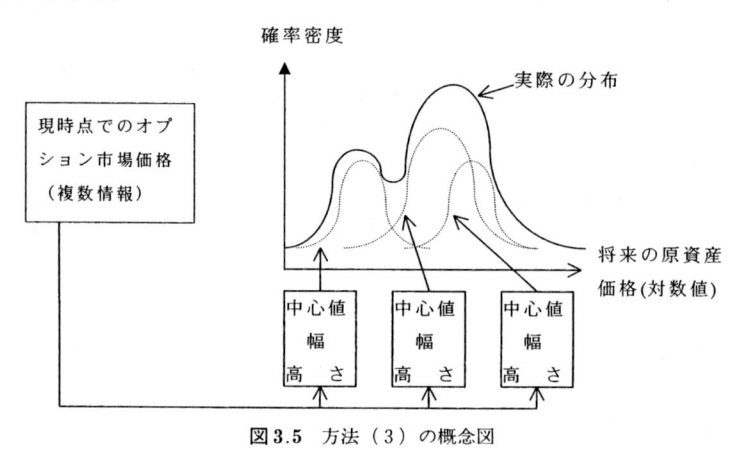

図3.5　方法（3）の概念図

（4） 特定の確率分布型を前提とはせず，ノンパラメトリックな確率分布を推定する方法（図3.6参照）

オプション商品の価格データから直接原資産価格の分布型を推定する方法である．3.4節では，この方法をわが国の株式指数オプションの価格データへ適用した具体例を示す．

前記の4つの手法は，少ない情報から将来価格に関する情報を得るために比較的強い仮定を置いて推定を行うタイプの手法（典型的には（1））から，強い仮定は置かずに多くの情報を取り入れることにより推定を行おうとするタイプの手法（典型的には（4））へという順序で並んでいる．一般に，計算モデルの柔軟性を確保するには分布を記述するパラメータの個数を増やす必要があるが，これに伴いパラメータを決定するために必要なオプション商品の価格情報も増加する点には注意を要する．換言すれば，観測可能なオプション商品の

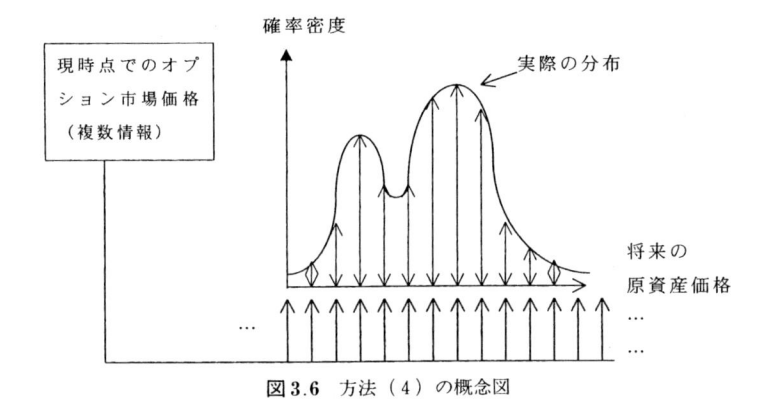

3.2 デリバティブズの市場価格などから導出可能な情報

確率密度

現時点でのオプション市場価格（複数情報）

実際の分布

将来の原資産価格

図3.6 方法（4）の概念図

価格が少ない状況下で多くのパラメータを決定しようとすると，推定結果が不安定となり信頼度が低下するおそれがある．したがって，利用可能かつ正確な価格情報の量に応じて，最適な計算方法を選択することが望ましい（この点については，3.3節，3.4節でも再び言及する）．

c. 先物・先渡・スワップ価格からの原資産価格の期待値の推測

オプション商品の価格情報が将来の原資産価格の確率分布という従来では導出不可能であった情報を与えるのに対し，先物・先渡・スワップ商品の価格情報は，将来時点の原資産価格の期待値のみを与える[*10]．

期待値という情報は確率分布という情報の中の一部分に過ぎない．また，先

[*10] デリバティブズに関する教科書・解説書の多くは，先物・先渡価格（$F_{t,T}$〈現時点 t，満期 T〉）は無裁定条件を介して現物価格（S_t）と一対一に対応した価格であると解釈し，現物価格と無リスク金利（r）を超えた新しい情報をまったく持たないとしている．具体的には，適当な2つのポートフォリオ（例えばポートフォリオ1〈現物のロング・ポジション1単位，そのファンディング資金の無リスク金利による借入れ，および先物のショート・ポジション1単位とから成る〉およびポートフォリオ2〈先物のロング・ポジション1単位のみから成る〉）を想定すると，両者の満期におけるペイオフは確実に一致することから，現時点での時価も一致する必要があるという論理（無裁定条件の適用）に従い，$F_{t,T}=S_t\cdot e^{rT}$ という関係が導出される．

このような考え方に対し，本章では，先物・先渡価格の解釈として，本章のテーマ（将来の価格予想）に照らして最も有益なインプリケーションを与える「リスク中立的な世界における原資産価格の期待値」という見方を採用する．リスク中立的な世界ではあらゆる資産の期待収益率（$E_t[S_T]/S_t$）が無リスク金利による運用収益率（e^{rT}）に一致することから，$E_t[S_T]=S_t\cdot e^{rT}$ という関係が成立し，これと前述の関係式から $F_{t,T}=E_t[S_T]$ を得る．

したがって，先物・先渡価格に関するこれら2つの考え方はいずれも正しく，同一の対象を異なった角度から眺めた（無裁定条件のみからみるか期待値からみるか）に過ぎない点を指摘しておく．

物・先渡・スワップ商品の価格を利用しなくても伝統的な直物（現物）取引の価格情報だけから間接的に期待値の情報を引き出すことができる．このような観点から，先物・先渡・スワップ商品の価格情報は，オプション商品ほど有効でないという見方もある．しかし一方で，後述のように，先物・先渡・スワップ商品の価格情報は，従来間接的にしか得られなかった情報の信頼度を高める役割を果たしているのも事実であり，この点は高く評価できる．

先物・先渡[*11]理論価格は，前述のオプション商品のプライシングと同様の考え方を利用して導出できる（図3.7参照）．すなわち，満期時点における原資産価格（この予想分布が図 A）およびその対価として受渡される金額（これが先物・先渡価格の定義であり，契約時点に固定される）との差額が将来発生するペイオフ（この予想分布が図 B）である．さらに，このペイオフの割引現在価値（この予想分布が図 C）の期待値を契約時点における「取引」[*12]の時価と考えることができる．この「取引」時価の大きさは，定義から，契約時点で固定する先物・先渡価格の大きさに依存するが，通常の先物・先渡取引では，逆に「取引」時価がちょうどゼロとなるように先物・先渡価格が設定される．この条件を表すと図3.7の式①となり，直ちに式②が導出される．このように，理論的な先物・先渡価格が原資産価格の期待値（リスク中位ベース）に一致することを示すことができる．

また，逆に市場で観測された先物・先渡価格を将来の原資産価格の期待値と見なすことができる．

期待値の推定は，仮に先物・先渡・スワップ取引が存在していないとしても，伝統的な直物(現物)取引の価格情報から間接的に行うことが可能であると述べたが，この理由は，直物(現物)取引と単純な貸借取引（無リスク金利ベース）を適切に組み合わせることによって合成先物ポジションを作ることができるからである．無裁定条件（リスクを取ることなく収益を獲得することはできないという条件）が成立する限り，合成先物の価格は，先物・先渡取引が実在

[*11] 先物取引と先渡取引の関係については，証拠金・値洗い・差金決済の有無といった制度上の相違を反映して，価格（レート）にも微小なずれが存在することが知られている（例えば，Duffie (1989) を参照）．ただし，本章ではこの点には立ち入らず，両者を区別しないで議論する．

[*12] ここでいう「取引」とは，先物・先渡満期時点における原資産の受取り（支払い）と固定価格のキャッシュの支払い（受取り）とをセットでみた金融契約をいう．

3.2 デリバティブズの市場価格などから導出可能な情報

現時点

先物価格＝原資産期待値
（リスク中立）　　式②

↑

$$\text{先物契約の時価} = \frac{\text{原資産期待値} - \text{先物価格}}{1 + \text{無リスク収益率}} = 0 \quad 式①$$

図 C:割引現在化したペイオフの予想分布

確率密度

割引現在価値

$$\frac{\text{原資産期待値} - \text{先物価格}}{1 + \text{無リスク収益率}}$$

↑平均

← 割引（$1/(1+\text{無リスク収益率})$）による水平方向縮小

満期時点

図 A:原資産価格の予想分布

確率密度(リスク中立)

原資産価格

↑

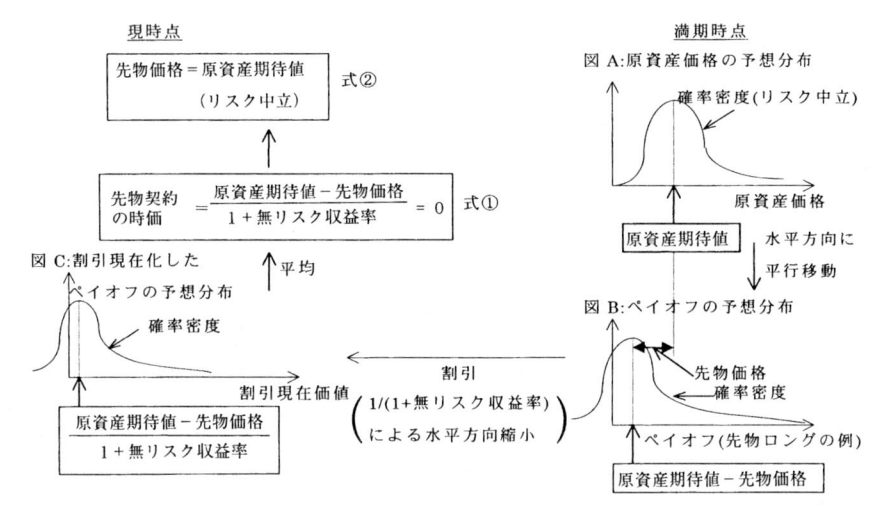

原資産期待値　水平方向に平行移動

図 B:ペイオフの予想分布

先物価格　確率密度

ペイオフ(先物ロングの例)

原資産期待値－先物価格

図 3.7　先物・先渡理論価格の導出方法

した場合の価格と同一であることが理論的に示される．

なお，スワップ取引は，先物取引を多期間に拡張したものと解釈できる．このため，本章の主題である価格情報の活用という観点からは，先物・先渡取引とほぼ同様の議論を展開することが可能である．したがって，本章では，特にスワップ取引のみに着目した議論は行わず，原則として先物・先渡価格の取扱いに絞った説明を行う．

先物・先渡取引の存在は，直物(現物)取引価格からだけでは間接的にしか把握できなかった期待値情報の信頼度を高める効果をもつ．こうした効果が現れる要因としては，主として次の2点を指摘可能である．

① 先物・先渡取引は，少額の資金（証拠金など）によって取引可能である（レバレッジ効果が大きい）ことから，直物(現物)取引と比較して，取引ボリュームが大きく流動性が高い．この結果，ビッド・オファー・スプレッドが比較的小さく，より競争的な価格づけが行われている場合が多い．

② 先物・先渡取引は，ショート・セールが容易であるため，より裁定が働きやすく，合理的な価格形成が行われやすい．

d. イールドカーブ分析の意義

c.までは，原資産の種類を特定せずに，オプション商品および先物・先渡・スワップ商品の価格情報について一般的な議論を行った．これに対しここでは，原資産の対象を金利・債券に絞り，その先物・先渡・スワップおよび直物価格情報を活用する分析（イールドカーブの分析方法）について整理する．各種の原資産カテゴリーの中で，金利・債券は，期間構造をもつ点が特徴的であり，そのため他の資産に比べプライシング，リスク管理あるいはマーケット分析上の取扱いが複雑である．このため，ここで特に焦点を当てることとする．

市場参加者の金利観をみるには，各期間ごとに金利水準をプロットしたイールドカーブを描くと便利である．一口にイールドカーブといってもいくつかの種類があるが，分析目的に応じて，①スポットレートを表現したイールドカーブまたは②フォワードレートを表現したイールドカーブのいずれかを形成・分析するのが理論的に有効な方法である．また，実務上は，債券の内部収益率[*13]（IRR〈internal rate of return〉またはYTM〈yield to maturity〉とも呼ばれる）をそのままプロットしたカーブを作成し，①の代用とする場合もある．この方法は，理論的には必ずしも正確な分析とはいえない[*14]が，煩雑な計算を行うことなくスポットレートの概略を把握できるため，市場でしば

[*13] ある一定の割引金利（r）に基づき債券の将来のキャッシュ・フローの割引現在価値を計算するとき，その結果が現在の市場価格に一致するような r を内部収益率（IRRまたはYTM）という．これを数式で表すと，

$$MV = \frac{C_1}{(1+r)} + \frac{C_2}{(1+r)^2} + \frac{C_3}{(1+r)^3} + \cdots + \frac{C_T + 100}{(1+r)^T}$$

となる．ただし，MV は債券（額面100, 満期 T）の市場価格，C_i は i 期のクーポンを表す．この式が内部収益率（r）の定義を与える．なお，各期のスポットレート $r_1, r_2, r_3, \cdots, r_T$ を既知とすれば，上記の MV に対して，

$$MV = \frac{C_1}{(1+r_1)} + \frac{C_2}{(1+r_2)^2} + \frac{C_3}{(1+r_3)^3} + \cdots + \frac{C_T + 100}{(1+r_T)^T}$$

という関係も成り立つ．これら2式により，各期のスポットレートと内部収益率との対応を理解できる．

[*14] 例えば，残存期間5年のある利付債に対応したIRRは，5年ものスポットレートだけでなく5年未満の各期間のスポットレートからも影響を受けて決まる（前注の数式を参照）．この影響の度合いは，同債券のクーポンの大きさに依存する．このため，同一の残存期間を持つ債券のIRRを評価しても，クーポンが異なれば異なったIRRを得ることとなる．この性質からもわかるように，IRRは，スポットレートの近似的な指標を供するに過ぎない点には留意する必要がある．

しば利用されている．

次に，各イールドカーブをどのような分析に利用できるか整理しよう．まず，スポットレートのイールドカーブは，現時点スタート，各期間ごとの割引債の金利（ゼロ・レートとも呼ばれる）を表す曲線である．したがって，例えば金融商品のプライシングを行う際の割引金利をみる場合に便利である．一方，フォワードレートのイールドカーブは，将来の各時点スタート，期間一定の先物・先渡レートを表す曲線である．これまでの議論からわかるように，リスク中立的な世界を想定すれば，この先物・先渡レートは，現時点で市場参加者が予想する将来時点の原資産金利（スポットレート）の期待値に一致する．したがって，フォワードレートのイールドカーブは，原資産金利が将来どのようなパスをたどって変化していくと予想されているのかをみる上で有効である．このように，本章のテーマとの関連では，特にフォワードレートのイールドカーブの分析が重要である．

実際にわが国の金融市場で直接観察できる金利は，次の3種類に分類可能である．

（1） スポットレート[*15]
  ● マネー・マーケット・レート（期間は，短期〈O/N～1年〉）

（2） 内部収益率（IRRまたはYTM）
  ● スワップレート[*16]（期間は，中・長期〈1年～10年程度〉）

[*15] 市場で観察できるスポットレートとしては，マネー・マーケット・レートのほかに，割引債レート（期間は，短・中期〈～5年〉）を挙げることもできるが，TBを除いては流通市場での取引が僅少であるため，信頼できる価格（金利）情報を得ることが困難である．

[*16] スワップレート（r_S）とは，プレーンな金利スワップ（以下，想定元本を100とする）において，変動金利がLIBOR（スプレッドなし）である場合に対応した固定金利の水準として定義される．この定義を利用して，契約時点における固定金利側の現在価値と変動金利側の現在価値とが等しいことを表現すると次式（ただし，r_iはi期における各スポットレートを表す）を得る．これにより，スワップレートr_Sは，時価がパー（100）となっている債券を想定した場合のクーポン・レートに一致することがわかる．このため，スワップレートは，しばしばパー・レートとも呼ばれる．

$$100 = \frac{100 \cdot r_S}{(1+r_1)} + \frac{100 \cdot r_S}{(1+r_2)^2} + \frac{100 \cdot r_S}{(1+r_3)^3} + \cdots + \frac{100 \cdot r_S + 100}{(1+r_T)^T}$$

なお，時価がパーである債券に対するIRRは，同クーポン・レートに一致するという恒等的な性質があることから，スワップレートは，時価がパーである債券のIRRであると解釈することも可能．

- 利付債価格（期間は，中期[*17)]〜超長期〈〜20年〉）

（3）フォワードレート
- 金先レート・FRA レート（期間は，短・中期〈〜3年強〉）

将来の市場情報を得るためには，フォワードレートのイールドカーブを導出する必要がある．しかし，市場で直接観測可能なフォワードレート（上記（3））が短・中期ものに限られているため，長期ものについては（1）や（2）をフォワードレートに変換した情報を利用する必要がある．また，離散的な金利データを滑らかな曲線で結ぶためにも，技術的工夫を要する．これらの点については，実務上の重要性が高いため数多くの研究がなされている[*18)]．図3.8は，いくつかの市場データを入力しスプライン関数[*19)]を用いて滑らかなフォワード・イールドカーブを描いた利用例である．

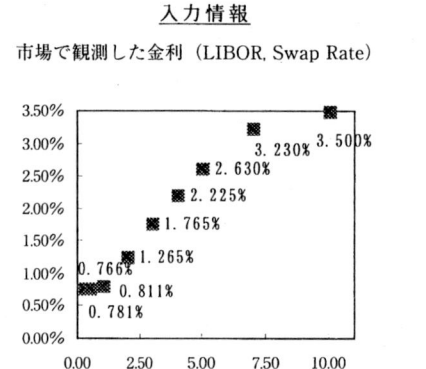

入力情報　　　　　　　　　　出力情報
市場で観測した金利（LIBOR, Swap Rate）　　スプライン補間されたフォワードレート

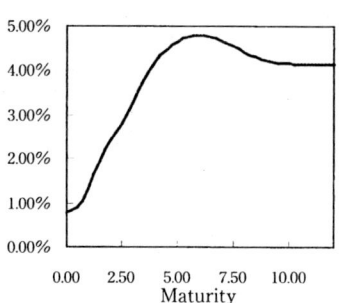

図3.8　フォワード・イールドカーブ作成プログラムの入・出力情報の例

[*17)] 債券については，原理的には，流通市場における時価をフォローすることにより，各債券の償還までの期間に対応するIRRを知ることができる．ただし，わが国の債券市場では，税制要因などを背景に，満期が近い銘柄の流通が少ない傾向がある．このため，短期のIRRを正確に知るのは困難である場合が多い．

[*18)] 例えば，わが国の国債価格データの扱いに関する各種方法論を整理した文献として，Oda (1996) を挙げることが可能．

[*19)] スプライン関数とは，複数個の多項式曲線を滑らかにつなぎ合わせた関数である．与えられた有限個のデータ（ここでは金利）に対し補間やあてはめを行う目的でしばしば利用される．

3.2.2 予測力に関する実証報告

3.2.1項で整理した各種分析の最終的な目的は,将来に実現する原資産価格の期待値または確率分布を正しく推定することにあった.この目標が達成されるためには,次の2つの命題がいずれも正しくなくてはならない.

① デリバティブズ商品の市場価格から導出された将来の原資産価格の期待値・確率分布は,現時点において市場参加者が予想している期待値・確率分布を正確に反映している.

② 市場参加者は,将来に実現する価格や価格変動性を正確に予測することができる.

上記の①を検証するには,次の2点を確かめる必要がある.

　(i)　デリバティブズ商品の価格形成の効率性

　(ii)　市場参加者のリスク中立性

(i)は,デリバティブズ価格が市場参加者の見方を的確に反映して形成されたかという問題である.例えば,デリバティブズ商品の取引市場が寡占的である場合や制度上何らかの制約がある場合には,この前提が崩れてしまう.ただ,このようなケースに該当するかどうかは,ビッド・オファー・スプレッドを観測したり簡単な市場調査を行うことにより判別可能である.したがって,デリバティブズ商品を選択する際,(i)の前提が満たされている商品だけを分析対象とすることによりこの問題を回避できると考えられる.

次に,(ii)は,市場参加者がリスク中立的であるかどうかという問題である.オプションの価格理論によれば,価格を決定づけるのは市場参加者が実際に抱いている確率(これを主観的確率と呼ぶ)ではなく,すべての市場参加者がリスク中立的であると仮定した場合の確率(これをリスク中立確率と呼ぶ)である(例えば Hull (2000) を参照).したがって,観測されたオプションの市場価格から再現される確率分布はリスク中立確率であり,これが主観的確率に(近似的に)一致しているかを検証する必要がある.また,先物についても,その理論価格はリスク中立確率に基づく価格期待値に一致しているのであって,主観的確率と直接結びついているわけではない.

こうした事情を踏まえ,リスク中立確率が主観的確率に一致しているかどうかに関する実証研究をみると,対象とする原資産の種類や分析方法によりバラ

ツキのある結果がみられる．具体的には，金利を原資産とする場合については，米国においてリスク中立性を棄却できないという実証報告があるほか，日本でも近似的に成立している期間が長いという結果が報告されている（飯田・小守林・吉田 (1995))．したがって，金利に関しては，少なくともリスクの市場価値[20]がさほど大きくないと見なしたうえで本章に示した分析を行うことが可能であると考えられる．これに対し，株価を原資産とする場合については，直観的にほとんどの局面でリスク中立性が成立していないと考えられる[21]．他に，各種のコモディティーを原資産とする場合については，その種類によって成否様々な報告がみられる (Duffie (1989))．ただこのようにリスク中立性が成立しない原資産についても，リスクの市場価値を推定することができるならば，その効果を織り込むために，リスク中立的な世界で得られた確率分布を水平に平行移動すればよい (Hull (2000))．この操作により確率分布の形状は変化しない[22]ことから，本章で論じたリスク中立的な世界での確率分布分析の方法を活用することができる．

---

[20] リスク中立性という概念は，①リスクの市場価値（しばしば λ 値とも呼ばれる）という指標がゼロであること（例えば Hull (2000) を参照)，あるいは②原資産価格 (S_t) を無リスク資産の収益率 (e^{rt}) で除することにより規格化した価格（しばしば相対価格 ($Z_t \equiv S_t/e^{rt}$) と呼ばれる）がマルチンゲール（例えば Duffie (1989) を参照）となっていることと同一である．ただし，リスクの市場価値 λ とは，$\lambda \equiv (\mu-r)/\sigma$（ただし，$\mu$ は原資産の価格変動率に関する期待値〈ドリフト〉，r は無リスク金利〈ペイアウトがある原資産については，r は，無リスク金利－ペイアウト比率〉，σ は原資産の価格変動率に関する標準偏差〈ボラティリティ〉）によって定義されるもので，市場参加者のリスク選好度を表す指標である（λ が大きいほど，リスク回避的)．また，マルチンゲールの定義（の概略）を示すと，ある確率過程（確率変数の時系列 $\{X_t\}$）において，将来の期待値が現時点の実現値に常に等しい（すなわち，$E_t[X_{t+1}] = X_t$）という性質があるとき，この確率過程をマルチンゲールといい，各確率変数の生起確率をマルチンゲール測度と呼ぶ．

簡単な計算により，相対価格 (Z_t) の変動率 (dZ_t/Z_t) を表す確率過程のドリフトが ($\mu-r$) であることを得る．さらに，相対価格がマルチンゲールであることは，ドリフト ($\mu-r$) がゼロであることと同値である．このようにして，リスク中立性に関する上記の2つの考え方（①，②）の対応を確認できる．

[21] 仮に株価についてリスク中立性が成立するとすれば，その予想価格変動率が「無リスク金利－ペイアウト比率（配当率)」に一致しなくてはならない．しかし，ほとんどの局面でこうした一致は起こっていない（例えば，株価の価格上昇率の長期平均が，無リスク金利の長期平均水準を上回っていることなどからも，直観的に理解できる)．

[22] デリバティブズ商品の原資産価格が対数正規過程に従う場合，リスクの市場価値は，原資産価格の変化のトレンドを表す部分にのみ影響を与え，価格変化の不確実性を表す部分には何ら影響を与えない．このため，確率分布の形状を変えることなく，分布の期待値を修正（分布を水平移動）することだけにより，リスクの市場価値の効果を取り込むことが可能である．

次に前述の②(市場参加者の予測能力)の検証について考える．②を直接検証しようとすると，市場参加者の予測内容に関する情報が必要であるが，これを直接得ることは困難である．したがって，通常は，①と②が同時に成立しているかどうかにつき検証を行う．すなわち，導出された将来価格の期待値・確率分布がその後実現した価格や価格変動性を正確に予測していたかどうかを検証する．実際には，確率分布全体の検証はデータの制約から困難であるため，分布の分散(ボラティリティ)のみに注目する場合が多い．

代表的な検証方法(図3.9参照)は，インプライド・ボラティリティ (IV, implied volatility)が事後的な実現ボラティリティ (RV, realized volatility)に対して十分な説明力を有していたかどうかについて，回帰分析により実証を行うものである．また，IVと代替的な予測変数として，現時点の市場情報(市場参加者の予測)を含まない過去の価格データだけから導出したヒストリカル・ボラティリティ (HV, historical volatility)を考え，これがRVに対して有する説明力を併せて分析・比較する例もある(この場合，HVよりもIVの方が高い説明力を持っていれば，市場参加者が将来の価格の確率分布を予測する能力が有意であることが示唆される)．

日本の市場データに対してこの種の分析を試みた例をみると，市場参加者の予測力について肯定的な結果が多い．例えば，HVとして評価時点までの過去一定期間の価格変動の実績値から単純に計算した分散値を採用し，原資産として日経平均株価を扱った研究(浅野 (1993))では，IVの予測力が有意であったとしている．また，原資産として日経平均株価のほかに債券(JGB)先物，日本円金先，通貨(円／ドル)も扱った研究(日本銀行調査統計局 (1995))では，日経平均株価および通貨についてIVの予測力を肯定し，債券先物と金先については明確な結論は導けなかったとしている．このほか，HVとして単

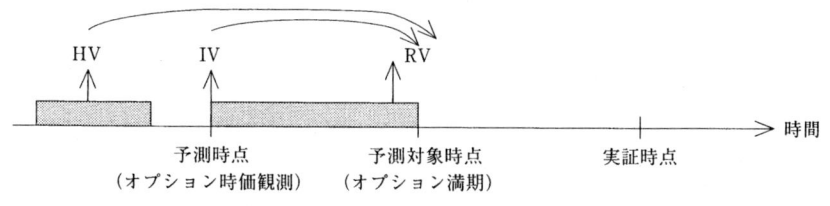

図3.9 RV, IV, HVの計測時期の関係

純な分散値の代わりに ARCH モデル，GARCH モデルといったより予測力が高いとされる統計モデルを採用し，原資産として日経平均株価を対象とした研究（Serita (1991)，袖山 (1992)）においても，短期的な予測力は IV が HV を上回っているとしている．

以上の結果を総合的にみると，3.2.1項で展開した方法は，将来の価格（分布）を予想する上で一定程度有効な情報を提供するものと評価できる．ただし，本 3.2.2 項で取り上げた各前提が厳密には成立しない場合があるのも事実であるから，こうした限界を認識しておくことは重要である．

3.2.3 デリバティブズ商品の市場情報活用に関するその他の論点

デリバティブズ商品の取引に伴ってマーケットから得られる情報のうち，マーケット分析という観点から最も有効な情報は市場価格情報であり，これを活用することが本章の主題であった．これに対し本項ではやや脇道にそれ，市場価格のほかにマーケットから得られる情報として，取引量の多寡に関する情報の活用可能性と限界につき簡単に整理しておこう．

取引量は，以下にみるとおり，市場価格とは異なり市場参加者の相場観を直接的に反映するタイプの情報ではない．したがって，取引量情報から得られるインプリケーションも，市場価格の場合に比べるとかなり弱い意味しか持たない点に注意を要する．

取引量に関連した情報は，① 一定期間中の取引ボリューム（フローの情報）と ② ある時点における取引残高（ストックの情報）に分けられる．以下，順にこの2つについて整理する．

ファイナンス研究者の間における ① に関する代表的な見方は次のとおりである．マーケットに何か新しい情報が入ってくると，それを市場価格に織り込む過程で取引ボリュームが膨らむ．一方，新しい情報は市場価格の変動をもたらすものであり，より多くの情報が入ってくるほど市場価格は激しく変動する傾向がある．したがって，取引ボリュームと価格変動性（例えば，ボラティリティ）の間には正の相関があると考えられ，実際これは実証研究によっても確かめられている（Watanabe (1993)）．この性質を利用すると，取引ボリューム情報は，目先の価格変動性に関する定性的な示唆を与えてくれるものともい

え，前項までにみたインプライド・ボラティリティ情報などを補完する役割が期待される．

ただし，取引ボリュームの情報は，将来の価格変動性を示唆するという意味での先行性をもっているといえるのか，もし先行性があるとしても将来のどの時期に対応した情報を与えるのかは，明確でない．また，取引ボリュームと価格変動性との間に定性的な関係があるとしても，安定した定量的な関係を見いだすのは困難であるほか，理論的定式化もなされていない．したがって，実際に取引ボリューム情報をマーケット分析に利用する場合には，こうした限界を念頭に置き，あくまでも補完的な情報という位置づけを保つのが現実的であろう．

一方，前述の②に対応する代表的な情報は，先物を利用した裁定取引残高である．市場関係者間でしばしばささやかれる典型的なシナリオは，株価指数取引において現物・先物間の裁定を狙った現物買い・先物売り取引[*23)]が大量に積み上がっている場合，将来利食いの機会を得た時点においてその反対ポジションが構築されると予想され，これに伴う大量の現物売りの結果現物株価指数が下落するであろう，といったものである．この種の議論では，裁定取引残高の数字を知ることにより[*24)]，現物価格の値下がり・値上がり圧力を評価しようとしている．

ただし，市場参加者の多くがこうした裁定取引残高の情報を知っているのであれば，そこから予想される価格変動圧力の情報が現時点の市場価格に速やかに織り込まれるはずであることに留意する必要がある．例えば，前例のように現物株価指数に大きな下落圧力があると予想されれば，市場参加者の多くは即座に現物または先物をショートするであろうから，その結果現時点で市場価格が低下しているはずである．このような形で将来の価格変動が現物価格に織り込まれてしまえば，将来，さらに価格が低下する必要はなくなる．したがって，裁定取引残高（現物買い/売り）が大きな数字であるという理由だけから，

[*23)] 東証における売買高上位15会員の取引状況につき，株式指数裁定取引に関する売買量（ボリューム）および残高の数字が日々公表されている．ただし，どのような取引を「裁定取引」と呼ぶか（例えば，現物指数バスケットの構成など）について，定義が不明確なまま情報が公表されており，この点で情報が不十分であるといった指摘もある．

[*24)] 先物を利用した裁定取引残高に関する情報が公表されているのは，株式指数に関連したものだけである．ただ，他の商品にかかる裁定取引についても，もし相対ベースで大雑把な売買残高を把握することができる場合には，同様の議論があてはまる．

将来の市場価格が現在の水準より上昇/下降するといった予想を立てるのは早計であろう．マーケット分析を行う際には，こうした点を認識しつつ，他の情報も併用して総合的な判断を下す必要がある．

3.3 オプション取引の価格情報を利用した原資産価格の確率分布の導出

3.2節で概観したように，オプション商品の価格情報を利用して将来の予想原資産価格の確率分布を導出するという作業は，オプション商品に特有の市場分析方法であり，技術的に開発途上の領域である．このため，実際に分析を行うとき，利用可能な価格情報やマーケットの局面などに応じてどのような計算方法を選択すべきかは必ずしも自明でない．そこで，本節では，現時点で考えられる計算方法を具体的にサーベイすることにより，今後の応用分析に必要な情報を供する．

3.3.1 各種計算方法

3.2.1項 b. では，オプション商品の市場価格情報を利用して将来の予想原資産価格の確率分布を導出する諸方法を4つのグループに分類した．以下では，そのグループごとに，計算方法の具体例や特徴点をやや詳細に解説する．

a. 将来の原資産価格の分布型として対数正規分布を仮定し，インプライド・ボラティリティを算出する方法

最も普及しているオプション・プライシング法（ブラック-ショールズ式）では，予想原資産価格の対数値が正規分布に従うという仮定に基づきオプションの理論価格を算出する．正規分布は，平均と分散という2つのパラメータのみによって形が定まる簡単な分布であるから，この2つの情報さえわかれば価格を求められる．リスク中立的な世界では，原資産の期待価格上昇率が無リスク金利[*25]に一致するという条件が課されるため，正規分布の平均値は既に確定している．このため，残された分散という1情報を与えることにより，分布型が確定し，オプションの理論価格が決定される．

[*25] 原資産にペイアウト（配当や利払い）がある場合には，原資産の期待価格上昇率が「無リスク金利－ペイアウト率」に一致するという条件となる．

このように，オプションの理論価格と分布の分散とが一対一に対応していることから，市場で1つのオプション価格を観測すれば，将来の原資産価格分布の分散を逆算し，確率分布を確定させることができる．市場では，この分散値の平方根（すなわち標準偏差）をインプライド・ボラティリティと呼ぶ．この情報は，予想原資産価格の対数値を表現する正規分布の拡がりの程度，換言すれば，予想原資産価格の不確実性の程度を示している．

b． 対数正規分布を出発点とし，併せてそこからのずれも評価する方法

a．では，原資産価格の対数値が正規分布に従うことを大前提としていた．この仮定は，近似的に成立する場合こそ多いものの，厳密には正確でないことが実証研究により知られている．そこで，正規分布を特徴づける分散の値と共に，正規分布からのずれを表すいくつかの情報を同時に算出することを考える．正規分布にずれの効果を加えた分布型を再現すれば，より正確な確率分布を得ることができる．ずれを評価する代表的な指標としては，分布の非対称性をみる歪度（skewness）s や裾野部分の厚み（ファット・テール，fat tail）をみる尖度（kurtosis）k がある[*26]．

これらのずれは，数学的には，次のように扱うこともできる．一般に，分布型を表現するある関数（第2特性関数と呼ばれる関数）を原点回りでテーラー展開したとき，2次までの項により完全に記述される分布が正規分布であることが知られている．したがって，真の分布型に対応した第2特性関数が高次の項を持つ場合には，その3次以上の項を正規分布からのずれと解釈できる．数学的には，3次の項の係数 κ_3（3次のキュミュラントと呼ばれる）が歪度 s に対応し，4次の項の係数 κ_4（4次のキュミュラントと呼ばれる）が尖度 k に対応している[*27]．

計算方法としては，満期が同一で行使価格が相異なる複数個のオプション商品の価格を観測し，その情報から分布型の分散，歪度，尖度といった指標を同時に決定する．決定すべき指標の数が分布を記述する自由度であるから，これ

[*26] 歪度 s は期待値の回りの3次モーメント（μ_3）を，尖度 k は同4次モーメント（μ_4）をそれぞれ同2次モーメント（分散 μ_2）を用いて無次元に規格化した指標である．すなわち，$s \equiv \mu_3/\mu_2^{3/2}, k \equiv \mu_4/\mu_2^2$．

[*27] 2次のキュミュラント κ_2 は，$\kappa_2 = \mu_2$（分散値）と定義される．同様に，$\kappa_3 = \mu_3 = s \cdot \mu_2^{3/2}, \kappa_4 = \mu_4 - 3\mu_2^2 = k \cdot \mu_2^2 - 3\mu_2^2$ となる．

と同じかそれ以上の数のオプション商品について価格を知ったうえで，非線形最小自乗法や非線形最尤法により最適な指標を見いだす．5次以上の高次キュミュラントを無視することとすれば，4次までのキュミュラントを用いてオプションの理論価格式を記述することができる (Jarrow and Rudd (1982), 吉羽 (1996))．したがって，市場価格情報から逆に各次のキュミュラントを推定したり，さらにこれを歪度，尖度に変換することが可能である．3.4.2項では，この手法を応用した計算例を紹介する．

なお，分布の非対称性だけを評価すれば十分である場合には，リスク・リバーサルと呼ばれる取引[*28]に着目し，コールとプットの各々のインプライド・ボラティリティの差（ボラティリティ・スプレッドと呼ばれる）を非対称性の指標として用いる方法もある[*29] (吉羽 (1996))．市場でリスク・リバーサルの取引量が十分多い場合には，この方法により，複雑な推定計算を行うことなく簡便に非対称性の程度を評価できる．また，分布の非対称性を評価するために利用される指標としては，リスク・リバーサル取引のボラティリティ・スプレッドの他に，プット・コール・プレミアム比率がある．これは，対称な行使価格[*30]を持ち満期が同一であるアウト・オブ・ザ・マネーのプットおよびコールにつき，各市場価格（P および C とする）の比率（P/C）を算出したものとして定義される．理論的には，原資産価格の予想確率分布が対数正規分布であれば，この比率が行使価格と先物理論価格の比率に一致することが知られている（吉羽 (1996))．例えば，日経平均株価が17,000円であるときに短期の日経平均株価オプションで行使価格が17,500円のコールと16,500円のプットに注目すると，両者は，先物理論価格（短期であるため原資産価格にほぼ一致し，約17,000円）を基準点としてそれぞれ約3%ずつアウト・オブ・ザ・マネーとなった対称な行使価格をもっている．したがって，オプション満期時

[*28] リスク・リバーサルとは，ある特定のプレーン・コール（アウト・オブ・ザ・マネー）とプレーン・プット（アウト・オブ・ザ・マネー）を1単位ずつセットにした取引であり，通貨オプション市場で頻繁に取引されている．

[*29] ただ，ボラティリティ・スプレッドという指標のままでは統計的な意味が必ずしも明確でない点には注意を要する．確率分布の形を把握する必要があるならば，ボラティリティ・スプレッドを分布の非対称性を直接表現する指標（例えば歪度）に変換しなくてはならない．

[*30] ここでいう対称な行使価格とは，オプションの原資産にかかる理論先物価格の対数値を中心として，プット・コールの各行使価格の対数値が互いに逆方向に同幅だけ離れている状況をいう．

点の日経平均株価の予想確率分布が対数正規分布であれば，理論上のプット・コール・プレミアム比率は約 1/1.03（≒0.97）となる．もし分布に非対称性があると同比率が 0.97 からずれることとなるから，逆にそのずれを観察することにより分布の非対称性を評価できる．具体的には，比率が 0.97 より大き(小さ)ければ，分布が株高(安)側に短い裾野を，株安(高)側に長い裾野を持った非対称な形状となっている．したがって，満期までの予想株価変動率を無リスク収益率を基準としてみたとき，市場参加者は，一定の超過収益率が実現する可能性より同率の損失を被る可能性の方が相対的に大きい(小さい)と予想していることになる．なお，この手法は，Bates (1991) によって利用されて以降，しばしば見受けられるようなったものである．

c. より現実的な確率分布型を仮定したうえ，分布のパラメータを決定する方法

c. と d. では，先験的に単一の対数正規分布を仮定することなく，現実の分布を再現する方法を示す．まずここでは，対数正規分布以外のパラメトリックな分布型を前提とし，その分布のパラメータを推定するためにオプションの市場価格情報を活用するタイプの手法を取り上げる．ここでは，どのような分布型を出発点とするかにより無数のバリエーションがある．分析対象とする原資産価格の性質や局面に応じて適切な分布型を選択すれば，より正確な分析が可能になる．

前提とする分布型の例としては，

① いくつかの相異なる（対数）正規分布を重ね合わせた分布（Melick and Thomas (1996)）
② 価格の連続的変化を表現する分布（例えば正規分布）に非連続的変化（ジャンプ）を表現する分布（例えばポアソン分布）を加えた分布（ジャンプ・ディフュージョン・モデルと呼ばれる．Malz (1995), Bates (1991)）
③ スマイル・カーブ（行使価格に対してインプライド・ボラティリティを表現した関数）に 2 次曲線をあてはめるモデル（Shimko (1991, 1993)）から導出される分布
④ 金利の期間構造の変化を明示的にモデル化した各種イールドカーブ・モ

デル*31)から導出される分布（ただし，これは金利関連オプションへの適用に限られる）

などを挙げられる．

　Melick and Thomas (1996) は，最大3種類の正規分布を重ね合わせた分布関数を仮定した上で，観測されたオプション市場価格に合致するように各正規分布の平均，分散およびウエイトを決定するプロセスを採用している．また，その応用として，湾岸戦争中（1990～91年）に原油オプションの価格データから将来の原油価格の予想分布を求めるとどのような示唆を得るかといった分析を行っている．結論としては，戦争の成り行きいかんで将来の原油価格が高騰する可能性と現在価格近辺で推移する可能性の2つが混在し，それら2つの異なる正規分布を重ね合わせたような分布が予想されていた局面があったことを示している．Melick and Thomas (1996) によれば，例えば1991年1月14日と同16日には将来の価格暴騰の可能性を反映して2つの山型状の確率分布（2種類の正規分布が重なり合っている形状）が観測されたのに対し，同17日には"good news"が届き価格暴騰観測が遠のいた結果，同17日～18日に観測された確率分布は1つの山型状となった（有意な正規分布は1種類だけ）．この例は，市場環境いかんによって本項a.やb.で示した比較的簡単な分析では知りえない情報が存在する可能性を実証したものとみることもできる．なお，Melick and Thomas (1996) は，満期日以前にオプションを行使可能なアメリカン・タイプのオプションの価格を分析対象とする場合の対処方法についても提案を行っており注目される．

　このほか，Malz (1995) は，欧州通貨euro導入以前の時期に，EMS通貨間の為替レート予想値の分布を分析し，レートがジャンプする可能性を織り込みつつ（ジャンプ・ディフュージョン・モデル），リアラインメントが引き起こされる確率を推定している．この結果，ジャンプの可能性を考慮しなかった場合よりも考慮した場合の方が優れた推定結果を得られたとしている．また，Bates (1991) は，1987年10月のブラック・マンデー以前における将来の予想株価の確率分布を分析対象とし，市場参加者が事前に株価の暴落を予想して

---

　*31) イールドカーブ・モデルに関する解説としては，Hull (2000) などを参照．

いた可能性を検証した．特に，1986年10月から1987年8月における予想株価分布において，分布型が負の方向に偏っていたことと株価ジャンプの可能性が高くなっていたことから，クラッシュがある程度予期されていたと結論している．

d. 特定の確率分布型を前提とはせず，ノンパラメトリックな確率分布を形成する方法

本項 a.～c. ではパラメトリックな確率分布型を前提としたのに対し，ここでは，特定の確率分布型を仮定することなく，オプション価格データから直接原資産価格の分布型を形成する．すなわち，プレーン・コール・オプション（またはプレーン・プット・オプション）について，満期 T を固定した上で行使価格 K を連続的に変化させたとき，常に取引を成立させることが可能であり，時価 $P(K,T)$ を得られるとすれば，この関数 $P(K,T)$ から次の関係式 (3.1) に従い，時点 T において原資産価格が K となる確率分布関数 $f(K,T)$ を導出できる（Breeden and Litzenberger (1978))．

$$f(K,T)=e^{r(T)T}\cdot\partial^2 P(K,T)/\partial K^2 \qquad (3.1)$$

ただし $r(T)$ は，期間 T の無リスク金利．

実際に市場で取引が成立しているのは有限個の行使価格に限られているため，市場データから直接に連続的な関数 $P(K,T)$ を得ることはできない．しかし，有限個とはいえ十分多くの価格データがあれば，それを滑らかに結んだ曲線によって関数 $P(K,T)$ を近似することができる．技術的には，スプライン関数と呼ばれる円滑化曲線を利用することができる．この手法については，後掲 3.4.1 項で具体例を紹介する．

なお，オプション価格データが有限個しかないことへの対応としては，円滑化により近似関数を組み立てる方法のほかに，有限差分近似を利用する手法も研究されている．この場合には将来の原資産価格が有限幅の区間に入っている確率を論ずることとなるため，導出される確率分布は連続関数でなくヒストグラムとなる（例えば，Neuhaus (1995))．

3.3.2 より高度な分析方法

3.3.1 項では，将来の原資産価格の確率分布を導出するための基本的な手法

を概観した．これを踏まえ，以下では，さらに高度な分析として，① 将来の確率分布の経時変化分析，および，② 複数の原資産価格間の相関分析を順に取り上げ，その方法と限界について整理する．

3.3.1項では，ある1時点の確率分布を導出することに焦点を当ててきた．ところで，市場には，同一原資産でも満期が異なったオプション商品が複数存在している．したがって，各々の満期のオプション商品群から，当該満期時点における原資産価格の確率分布を導出することが可能である．各時点の確率分布を合わせてみれば，分布の経時変化を推察することができ，いわば予想確率分布のダイナミクスを調べることとなる．

こうした分析がどの程度の精度で可能かは，オプションの満期がどの程度の刻みで存在しているかに依存する．店頭取引であれば，様々な満期が存在しうるが価格情報の信頼度は低下する一方，流動性の大きい上場取引であれば，満期の設定は数か月ごとといった粗い刻みでなされているのが通例である．このように，ここまでにみた一連の方法を現在のマーケットに適用する場合には，刻々と変化する確率分布を正確に導出するには至らないという限界がある．

一方，上記とは別の手法を利用して，より細かい時間刻みで原資産価格の予想確率分布のダイナミクスを分析する研究もなされている．これらを大別すると，次の2つに分類可能であり，それぞれいくつかの実証報告例がある．

① オプション価格理論における格子法を拡張した手法．各節点ごとにリスク中立確率を算出し，時点ごとの確率分布を再現する．

② ボラティリティの経時的な不均一性（heteroscedasticity）を明示的にモデル化する方法．

①の特徴点は，(対数)正規性を前提とせず，インプライド・ボラティリティのスマイル構造を取り込んだ柔軟な分布型を形成できる反面，分布を決定するためにはかなり多くのオプション価格情報が必要となることである．代表的な手法として，次の3つを掲げておく．

(i) ルービンシュタインのインプライド二項ツリー法（implied binomial tree method〈Rubinstein (1994)〉）

はじめに，ある特定の満期を持つオプション商品の価格情報から同満期時点における原資産価格の確率分布を推定．その後，現時点から満期までのツリー

展開において格子再結合の仮定を置くことにより，確率分布の時間変化を決定する．わが国の市場価格データを扱った研究報告もある（例えば，ワラント債価格への適用例として，Kuwahara and Marsh (1994))．

(ii) ダーマン-カニのインプライド二項ツリー法 (implied binomial tree method 〈Derman and Kani (1994)〉)

ある時点よりも早く満期を迎えるすべてのオプション商品の価格情報を同時に入力して，各時点における確率分布を導出する方法．わが国の市場価格データを扱った研究報告もある（例えば，日経平均オプションの価格データへの適用例として，酒谷・五十嵐 (1994))．

(iii) デュピレのインプライド三項ツリー法 (implied trinomial tree method 〈Dupire (1994)〉)

(ii) と類似の手法を用いるが，二項ツリーの代わりに三項ツリーを利用して，各時点における確率分布を導出する方法．

一方，②の特徴点は，明示的なモデルを利用していることから比較的少ないオプション価格情報により分析が可能である反面，ボラティリティという1変数の動きをみるだけであるため（対数)正規分布を想定した分析に止まってしまうことである．代表的な手法として，次の2つを掲げておく．

(iv) SVM（確率ボラティリティ・モデル, stochastic volatility model）
（例えば，Hull and White (1987))

ボラティリティが時間の経過とともにランダム性を伴って変化していくと仮定したモデル．

(v) ARCH（自己回帰条件付き不均一分散, autoregressive conditional heteroscedasticity) モデル，GARCH（一般化された〈generalized〉ARCH) モデルおよびその派生手法

ある時点のボラティリティは，過去のボラティリティおよび価格の実現値のみに依存し，ランダム性を伴わずに決まるとするモデル．

ここまでは，オプション商品の原資産の種類を特定することなく一般的なフレームワークで議論を進めてきたが，1つのオプション商品の原資産の数は常に1種類であるという点を暗黙に仮定してきた．

ところで，現在の先端的なマーケットをみると，複数の金融商品を同時に原資産とするオプション*32）（コリレーション・デリバティブズ）も取引されている．このような商品の価格は，複数の原資産価格を確率変数とする多変量確率分布を反映したものと考えることができる．すなわち，個別の原資産価格の確率分布が独立に反映されているのではなく，異なる原資産価格間の相関も織り込んだ確率分布が反映されている．したがって，コリレーション・デリバティブズの市場価格を観測すれば，少なくとも原理的には，これまでと同様のプロセスにより原資産価格間の相関に関する市場の予想を推定することができる（もちろん，個々の原資産価格の分散も推定可能であるし，より一般的には，予想多変量確率分布を推定することも可能である）．

もっとも，現時点では，主要金融市場においてコリレーション・デリバティブズの取引頻度はプレーン・デリバティブズのそれに比べ格段に少ないことから，観測される価格情報の信頼性はかなり低い（ビッド・オファー・スプレッドが大きい）．このため，意味のある相関の値を推定するのはほぼ不可能である．したがって，ここで述べた相関や多変量正規分布の推定可能性については，将来に実現するかもしれない潜在的な可能性として理解すべきである．

3.4 分析例：日経平均株価オプションの価格情報の利用

本節では，① わが国におけるオプション商品の価格情報を分析対象として具体的に計算を行うこと*33）と，② 3.3.1項で概観した多彩な計算方法の中から先行研究が報告されていない手法を利用することを同時に試みる．また，計算結果から，わが国市場で利用可能なオプション価格情報の量と質を前提とした場合に，どのような仮定を置きどの程度の自由度を確保した分析手法を利用するのが最適であるかを考察する．

---

*32） コリレーション・デリバティブズとしては，クゥオント・オプション（Quanto Option），クロス・オプション，バスケット・オプションなどをはじめとして，様々な商品が存在する．これらの商品性などについては，本書の姉妹書『金融デリバティブズ』第1章を参照．

*33） 本章で取り上げた分析手法をわが国の金融データに適用した研究例としては，本節の分析のほかに，白塚・中村（1998）も参照されたい．白塚・中村（1998）では，長期国債先物オプションおよび日経平均株価オプションの価格情報を利用した分析がなされている．

3.4 分析例：日経平均株価オプションの価格情報の利用

具体的には，データとして日経平均株価指数オプション（満期日1995年8月11日）の中から一定量以上の流動性[*34]をもったコール[*35]の行使価格および市場価格情報（1995年6月9日～8月4日[*36]），週次〈毎週最終営業日の終値〉）を利用する．計算方法としては，

（1） 行使価格別のオプション市場価格をスプライン関数によりスムージングし，この関数からノンパラメトリックに分布を形成する方法
（2） Jarrow and Rudd (1982) の手法を応用し，対数正規分布からのずれを表現する歪度および尖度を算出・評価する方法

の2つを適用する．以下，この計算結果を順に示す．

3.4.1 行使価格別のオプション価格データを円滑に連続化した上，ノンパラメトリックな確率分布を形成する方法

本方法は，3.3.1項d.で示した計算方法に対応する．対象期間における各

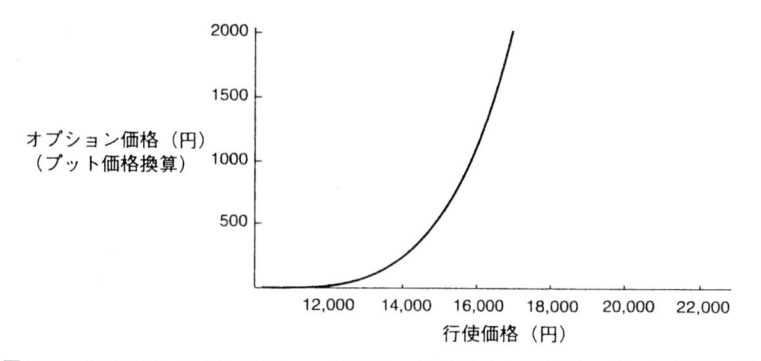

図3.10 行使価格に対するオプション価格データを滑らかに結んだスプライン関数の例
（1995年6月9日時点）

[*34] 具体的には，当日の売買高が30枚以上であった商品のみをデータの対象とした．
[*35] コールだけでなくプットの市場価格情報を同時に利用することも原理的には可能ではあるが，本節では，そうした計算を行わなかった．その理由は，同商品終値の価格データを調べると，必ずしもプット・コール・パリティの関係が成立しておらず，プット・コール価格間に整合的な関係を見いだすことが困難であったためである．このため，ここでは，取引量が相対的に多かったコールの価格情報のみを利用することとした．
[*36] この期間は，日経平均株価が大きく下落し，かつその後に大幅な上昇に転じていったボラタイルな期間であったことから，分析対象として興味深いと考え採用した．

| ノンパラメトリックに形成した分布型 | 対数正規過程を仮定した分布型 |

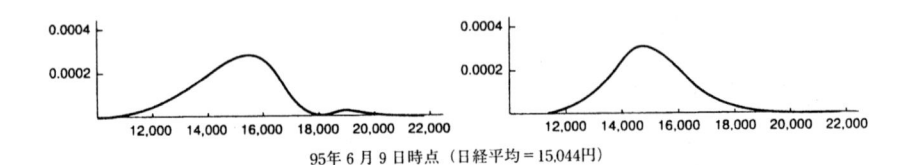

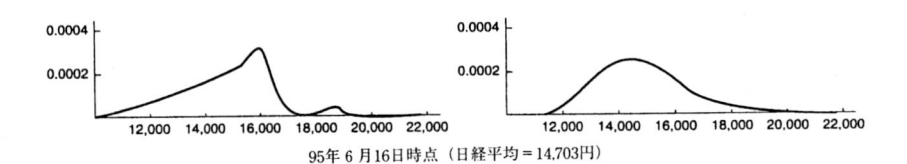

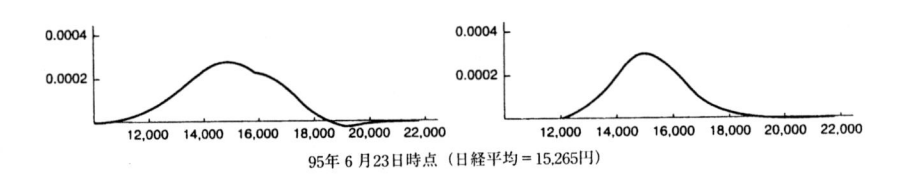

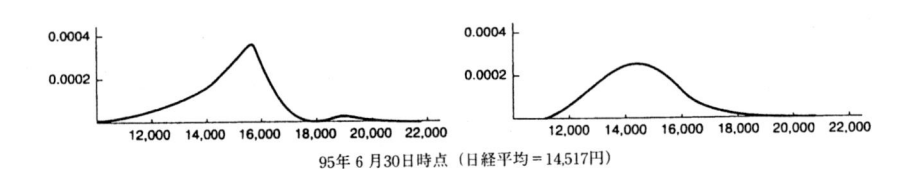

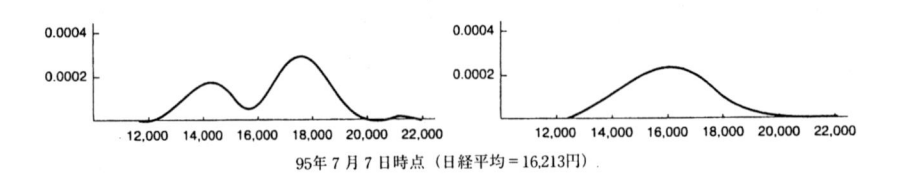

95年6月9日時点（日経平均＝15,044円）

95年6月16日時点（日経平均＝14,703円）

95年6月23日時点（日経平均＝15,265円）

95年6月30日時点（日経平均＝14,517円）

95年7月7日時点（日経平均＝16,213円）

3.4 分析例：日経平均株価オプションの価格情報の利用

95年7月14日時点（日経平均＝16,518円）

95年7月21日時点（日経平均＝16,589円）

95年7月28日時点（日経平均＝16,649円）

95年8月4日時点（日経平均＝16,741円）

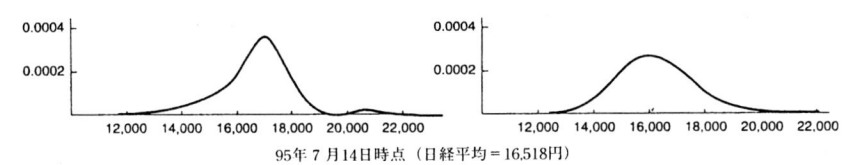

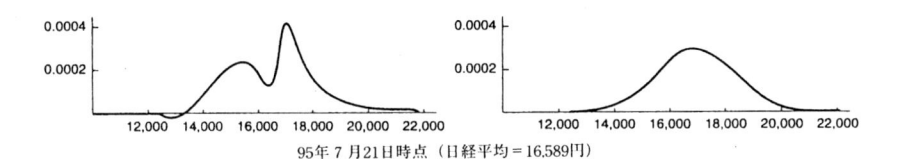

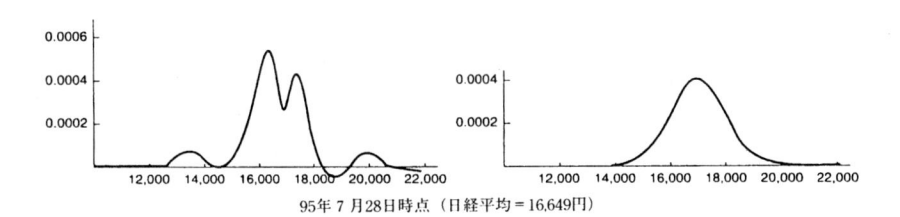

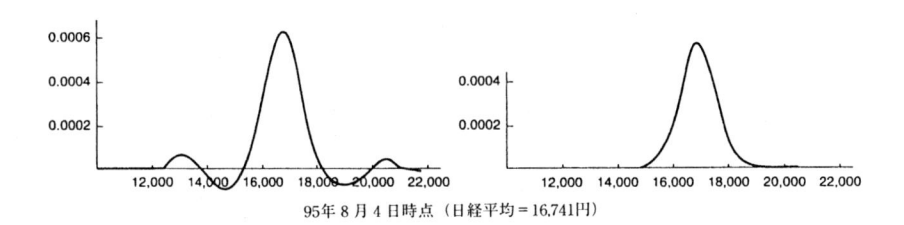

図3.11 日経平均株価オプションの時価情報から推定したオプション満期時点（1995.8.11）の日経平均株価の予想確率分布型

取引日には，3〜5種類の行使価格においてコール・オプションの時価データが利用可能であった．この有限個の価格データ[*37]を円滑な曲線で結ぶためには，スプライン関数[*38]（具体的には，5次自然スプライン関数[*39]を適用）を利用した．各行使価格に対するオプション価格データを結ぶスプライン関数（一例として図3.10参照）が導出されれば，前掲（3.1）式に従い微分演算を行うことによって，確率分布関数を得る．

オプション満期（1995年8月11日）時点において原資産価格（日経平均株価）がどのような水準にあるかを予想する確率分布を各取引日の情報から導出した結果は，図3.11に示す．ここでは，本方法によって導出した確率分布（ノンパラメトリックに形成した分布型）に加え，3.3.1項a.で示した単純なインプライド・ボラティリティのみから導出する確率分布[*40]（対数正規過程を仮定した分布型）も同時に示し，両者を比較可能にした．

この結果をみると，ノンパラメトリックに形成した分布型では，日経平均株価（株価の推移は図3.12を参照）が同年初来の最安値を探る局面（例えば，1995年6月9日，16日，30日）において分布の裾野が左側（株安側）に長く尾を引いており，株価がさらに大幅に低下するかもしれないという不安を示唆している．一方，価格が（少なくとも短期的に）持ち直した局面（例えば，6月23日および7月7日以降の回復過程）では，分布の左側裾野は特に長くは

[*37] 実際には，市場価格情報の他に，境界条件として，①十分にアウト・オブ・ザ・マネーの行使価格をもつ仮想的コールの価格がゼロ，②十分にイン・ザ・マネーの行使価格をもつ仮想的コールの価格が $e^{-dt}S - e^{-rt}K$ であるという境界条件を付した上で円滑化を行った（ただし，S は原資産価格，K は行使価格，d は配当率，r は無リスク金利）．

[*38] スプライン関数の理論的および実用的解説については，それぞれ桜井（1981），桜井・吉村・高山（1988）を参照．

[*39] スプライン関数には様々なバリエーションがある．5次自然スプライン関数とは，隣接データ点間を結ぶ曲線が高々5次の多項式であるスプライン関数のうち，特に両端の曲線だけは高々2次の多項式であるという条件を課したもの．オプション価格を表す関数としてこの5次自然スプライン関数を適用すれば，その2階微分によって表現される確率分布関数は3次スプライン関数となる．一般に，3次自然スプライン関数は，所与のデータ点を最も円滑に結ぶスプライン関数であることが知られている．

[*40] インプライド・ボラティリティの算出にあたっては，満期までの期間に対応した無担保コール・レートを無リスク金利とし，配当率を0.89%とした．ノンパラメトリックな分布形成において利用したすべての行使価格に対してインプライド・ボラティリティを計算し，各時点においてその単純平均値を算出した．この値を対数正規分布の定義式に代入・グラフ化することにより，各時点ごとの確率分布を得た．

3.4 分析例：日経平均株価オプションの価格情報の利用   169

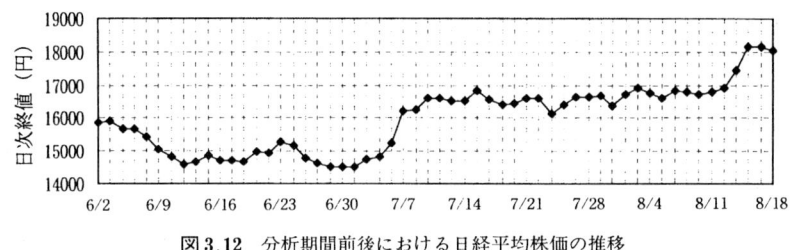

図3.12 分析期間前後における日経平均株価の推移

なく，極端な株安不安が薄れたことを示唆している．この間，全取引日を通じて，分布右側（株高側）の裾野は相対的に短い傾向を示している．これは，日経平均の大幅な上昇を期待できないという相場観を反映したものと考えられる．

これに対し，図3.11で完全な対数正規過程を仮定した分布型においては，常に左側の裾野が相対的に短く，右側が長いといった性質が現れている（これは，対数正規分布の定義に起因する性質であり，データの内容をもって変えることはできないもの）．したがって，対数正規分布をみるだけでは，上記で考察したような情報を得ることは原理的に不可能である．

一方，ノンパラメトリックに形成した分布型の問題点としては，時として導出される確率分布型が不安定であることを指摘できる．例えば，7月21日・28日，8月4日時点の分布型をみると，わずかではあるが負の確率が現れている．理論的には，こうした現象は起こりえないものである．原因として考えられるのは，市場における価格形成が合理的に行われていなかった可能性や価格データの観測誤差が大きかった可能性である．また，7月7日・21日・28日時点の分布型をみると，2つの山型に分裂した分布が現れている．これが実際に市場の相場観が分裂していたことを反映したものであるのか，単に分布中央部の形状に影響を与えた価格データが大きな誤差を含んでいただけであるのかは，これだけの情報からでは判断できない．仮に前者が正しいとすれば，本方法は非常に有力な分析手段であると評価できる．しかし，現在利用可能な価格が各取引日ごとに3～5個と限られていることや，商品の流動性が十分に高いとはいえないことを考えると，後者の可能性も強く残る．この真相を見極めるには，日中の市場価格の動きや各取引の流動性・成約状況に注意を払いつつ，

採用したすべてのデータ（今回は，終値[*41]）がほぼ同一時点（今回は，市場終了時）において値がついたものであるかどうかを判断する必要がある．また，市場ヒアリングなどの結果と整合的であるかどうかをみるのも不可欠である．こうしたより精緻な分析を行い，本方法の有効性を高めていくことは，今後の課題である．また，将来的にオプション市場が一段と成熟し，行使価格の多様性や取引の流動性が十分に向上した場合には，ここで述べた弱点が克服され，本方法がさらに有効な分析ツールになると考えられる．

3.4.2 対数正規分布からのずれを歪度・尖度の算出により評価する方法

本方法は，3.3.1項b.の前段で解説した方法である．すなわち，4次以下のキュミュラントを勘案したオプションの理論価格式（Jarrow and Rudd (1982), 吉羽（1996））に対して市場価格データ（3.4.1項で利用したデータと同一）をあてはめ，非線形最小自乗法によって理論価格式のパラメータを推定する[*42]．パラメータは3つあり，予想原資産価格の確率分布の2次・3次・4次キュミュラントに対応している．これを決定すれば，3.3.1項b.で注記した関係式から，確率分布の分散（以下の推定結果では，これをボラティリティに変換して表示），歪度および尖度を導出することができる．

[*41] この終値とは，当該営業日の最終取引値であるから，取引量が少ない場合には，市場終了時間よりかなり前に取引された価格となっている可能性もある．この場合，各行使価格ごとの価格データに時間差が発生してしまうため，それをセットにして確率分布を導出しても大きな誤差を含む可能性が残る．

[*42] 具体的には，コール・オプションの理論価格式 $C(F)$ は，次のように表される．

$$C(F) = C(A) + e^{-r(T)T} \frac{x_2(F) - x_2(A)}{2!} \cdot [a(S_T)]_{S_T=K} - e^{-r(T)T} \frac{x_3(F) - x_3(A)}{3!} \cdot \left[\frac{da(S_T)}{dS_T}\right]_{S_T=K}$$
$$+ e^{-r(T)T} \frac{\{x_4(F) - x_4(A)\} + 3\{x_2(F) - x_2(A)\}^2}{4!} \cdot \left[\frac{da^2(S_T)}{dS_T^2}\right]_{S_T=K}$$

ただし，$C(A)$ はブラック-ショールズ・モデルによるコール・オプション価格式，$a(S)$ はブラック-ショールズ・モデルに対応した対数正規分布の確率密度関数（S は原資産価格，K は行使価格），$x_i(F)$, $x_i(A)$ ($i=2,3,4$) はそれぞれ真の分布の i 次キュミュラントおよびブラック-ショールズ・モデルに対応した対数正規分布の i 次キュミュラントを表す．

ここで，出発点とする対数正規分布の決定にあたっては，各取引日ごとに3.4.1項で利用したインプライド・ボラティリティの平均値（σ）を利用した．σ が与えられると，上式における関数 $C(A)$ および $a(S)$ が決定するとともに，対数正規性の定義から，$x_2(A)$, $x_3(A)$, $x_4(A)$ の値も自動的に決まる．したがって，市場で観察した価格情報（行使価格 K に対する時価 $C(F)$）を上式にあてはめて最適化を行う際に推定すべきパラメータは，$x_2(F)$, $x_3(F)$, $x_4(F)$ の3つである．

3.4 分析例：日経平均株価オプションの価格情報の利用   171

表 3.1 オプション満期時点（1995年8月11日）の予想日経平均株価に関する確率分布のボラティリティ，歪度および尖度

時点 (1995年)	日経平均 (円)	推定結果			(参考) 対数正規分布		
		ボラティリティ	歪度	尖度	ボラティリティ	歪度	尖度
6月9日	15,044	0.209	0.313	3.122	0.209	0.262	3.122
6月16日	14,703	0.269	0.073	3.180	0.269	0.318	3.180
6月23日	15,265	0.239	0.219	3.122	0.238	0.263	3.123
6月30日	14,517	0.300	0.289	3.168	0.300	0.307	3.168
7月7日	16,213	0.322	0.277	3.161	0.322	0.301	3.161
7月14日	16,518	0.302	−0.549	3.115	0.303	0.253	3.114
7月21日	16,589	0.344	−0.042	3.106	0.342	0.247	3.109
7月28日	16,649	0.305	−0.210	3.057	0.305	0.180	3.057
8月4日	16,741	0.291	−0.445	3.024	0.289	0.120	3.026

　各取引日のオプション価格データから計算した確率分布のボラティリティ・歪度・尖度の推定結果を表3.1に示す．参考のために，ブラック–ショールズ・モデルに対応した完全な対数正規分布（ボラティリティとしては，3.4.1項で算出した取引日ごとのインプライド・ボラティリティ平均値を使用）を仮定した場合の各指標も同時に示す．

　推定された分布型が完全な対数正規分布からどのようにずれているか評価するには，推定された歪度・尖度と完全な対数正規分布の歪度・尖度を比較すればよい[*43]．上の結果から看取されるのは，次の2点である．

　① ほとんどの時点において，推定された歪度は，完全な対数正規分布がもつ歪度より小さい．したがって，確率分布型は，対数正規分布型よりも右側（株高側）の裾野が短く，左側（株安側）の裾野が長い形状であると推定され

[*43] なお，この他のアプローチとして，対数正規分布からのずれに着目する代わりに，推定された分布の形状を直観的にイメージしやすい正規分布からのずれをみるのも一案であろう．完全な正規分布の歪度・尖度はそれぞれ0および3であることが知られているから，推定結果が0および3からどの程度乖離しているかをみることにより，推定された分布型の非対称性および裾の厚み（fat tail）を評価可能である．
　こうした観点から表3.1に示された計算結果を眺めると，
　① 分析期間の前半（6月9日～7月7日）については歪度が正であり，確率分布型は右側（株高側）の裾野が長く左側（株安側）の裾野が短いという非対称性を有していたこと
　② 分析期間の後半（7月14日～8月4日）では逆に歪度が負であり，確率分布型は右側（株高側）の裾野が短く左側（株安側）の裾野が長いという非対称性を有していたこと
などが推測される．

る．

　この結果は，無リスク資産の収益率を基準として満期までの予想株価変動率を評価したとき，大幅な超過収益率が実現する可能性より同率の損失を被る可能性の方が相対的に大きいと予想されていることに対応する．この点は3.4.1項で得た結果と定性的に一致している．ただ，ここでは，3.4.1項で観察されたような株価下落局面および回復・上昇局面の間の一定の傾向をみることはできない．

　② 全時点について，推定された尖度は，完全な対数正規分布が持つ尖度とほぼ同じである．したがって，今回のデータからは，ブラック-ショールズ・モデルの前提を超えた fat tail は観測されない．

3.4.3　現実的な分析方法の選択と今後の課題

　最後に，現時点におけるわが国オプション市場の価格データの質と量を前提とした場合，将来の予想原資産価格の確率分布を導出するための多彩な手法の中からどれを選択すべきかという問題を簡単に検討しておこう．

　3.4.1項および3.4.2項における計算結果をみると，いずれの方法も対数正規分布を仮定しただけでは得られない情報を供するという点で評価できる一方，前述のような計算結果の不安定性という問題が残るのも事実である．後者の問題は，市場参加者の期待が変化しない程度の短いタイムホライズンにおいて，いくつのオプション商品（満期が同一で行使価格が異なるもの）の時価を観測でき，かつ十分に信頼度が高い価格が形成されているか（流動性が高いか）という問題に帰着する．現在，わが国の各オプション市場を原資産の種類や上場・店頭の別を問わず横断的にみると，いずれの市場においても，せいぜい本章で取り上げた日経平均株価オプション市場の価格情報と同等程度の限定的な情報を得られるだけである．このため，特に3.4.1項における分析のように多くの出力情報（分布の形状に関するノンパラメトリックな情報）を求める場合には，推定結果が不安定になるのも当然である．したがって，現状わが国では，パラメータの個数を少数に限定した確率分布モデルによる分析（3.3.1項b., c.における手法に対応）を志向するのが妥当であると考えられる．ただ，より精緻に確率分布型を調べる必要がある場合には，より柔軟な手法を用

いざるをえない．その計算をいかにして安定的に行うか検討することは，今後の課題として重要である．

3.5 終わりに

本章では，各種デリバティブズ商品の市場情報を抽出し，それをマーケット分析やリスク管理に活用する方法論を整理した．具体的には，3.2節で基本的な考え方などを整理し，3.3節で技術的側面を解説し，3.4節ではわが国の市場データへの応用可能性を考察した．

本章で明らかにした内容を集約すれば，①デリバティブズ取引の中でも特にオプション商品の市場価格を利用することにより，少なくとも理論的には，将来の原資産価格の確率分布という新しいタイプの情報を抽出可能であること，②実際に確率分布を導出するには各種の方法が利用可能であるから，分析対象とする市場の環境（取引の多様性や流動性など）に応じて最適な方法を選択する必要があること，の2点となる．特に②の問題と関連してわが国のデリバティブズ市場の現状を眺めると，これらの分析手法を効果的に活用できる条件が十分に整っているとはいえないものの，少なくとも限界的には新しい情報を抽出できると考えられるほか，今後デリバティブズ市場が一段と成熟していくこととなれば本章で示した理論を実用化する価値がますます高くなることも予想される．このように市場情報が質・量両面で豊かになっていくということは，デリバティブズ取引の拡大がもたらすメリットのひとつであるから，市場参加者がそれを享受できるように，技術的方法論について研究を続ける意義は大きいと考えられる．

参考文献

浅野幸弘，「オプションの機能と価格形成，日経平均オプションによる実証（先物研究会〈第6回〉における研究報告より）」，『インベストメント』，1993年8月，pp.71-98.

飯田貴史・小守林克哉・吉田敏弘，「日本国債市場における金利リスクプレミアムの推定とその応用」，Mimeo，筑波大学大学院，1995.

小田信之・吉羽要直，「デリバティブ商品価格から導出可能な市場情報を利用したマーケット分析方法」，『金融研究』，第17巻第2号，日本銀行金融研究所，1998年5月．

酒谷貢郎・五十嵐雅紀,「Implied Binomial Treeによる長期オプションの分析」,『証券アナリストジャーナル』, 1994年11月, pp.24-36.

桜井　明,『スプライン関数入門』, 東京電機大学出版局, 1981.

桜井　明・吉村和美, 高山文雄,『パソコンによるスプライン関数, データ解析／CG／微分方程式』, 東京電機大学出版局, 1988.

白塚重典・中村　恒,「金融市場における期待形成の変化―オプション取引価格の情報変数としての有用性に関する一考察―」,『金融研究』第17巻第4号, 日本銀行金融研究所, 1998年10月.

袖山則宏,「日本の株式市場におけるボラティリティの予測能力に関する実証分析とオプション市場に関する統計的推測」, 住友信託銀行投資研究部 Working Paper, No.17, 1992年5月.

日本銀行調査統計局,「インプライド・ボラティリティの指標性に関する実証分析」,『日本銀行月報』, 1995年1月, pp.1-25.

星　岳雄,「資本市場の不完全性と金融政策の波及経路―最近の研究成果の展望―」,『金融研究』, 第16巻第1号, 日本銀行金融研究所, 1997年3月.

吉羽要直,「リスク・リバーサル取引の理論的含意について」,『金融研究』, 第15巻第2号, 日本銀行金融研究所, 1996年4月.

Bank for International Settlements (Euro-currency Standing Committee), *Macroeconomic and Monetary Policy Issues Raised by the Growth of Derivatives Markets*, 1994.

Barone-Adesi, G. and R. Whaley, "Efficient Analytic Approximation of American Option Values." *Journal of Finance*, **42**(2), 1987, pp.301-320.

Bates, D. S., "The Crash of '87: Was it Expected? The Evidence from Options Markets." *Journal of Finance*, **46**, 1991, pp.1009-1044.

Breeden, D. T. and R. H. Litzenberger, "Prices of State-contingent Claims implicit in Option Prices." *Journal of Business*, **51**(4), 1978.

Derman, E. and I. Kani, "Riding on the Smile." *Risk* **7** (2), 1994, pp.32-39.

Duffie, D., *Futures Markets*, Prentice Hall, 1989.

Dupire, B., "Pricing with a Smile." *Risk* **7** (1), 1994, pp.18-20.

Hull, J. C., *Options, Futures, and Other Derivative Securities*, Fourth Edition, Prentice Hall, 2000.

Hull, J. C. and A. White, "The Pricing of Options on Assets with Stochastic Volatilities." *Journal of Finance*, **42**, June 1987, pp.281-300.

Jarrow, R. and A. Rudd, "Approximate Option Valuation for Arbitrary Stochastic Processes." *Journal of Financial Economics*, **10**, 1982, pp.347-369.

Kuwahara, H. and T. A. Marsh, "Why Doesn't the Black-Scholes Model Fit Japanese Warrants and Covertible Bonds?" *Japanese Journal of Financial Economics*, **1**, December 1994, pp.33-65.

Malz, A. M., "Using Option Prices to Estimate Realignment Probabilities in the European Monetary System." Discussion Paper, Federal Reserve Bank of New York, 1995.

Melick, W. R. and C. P. Thomas, "Using Options Prices to Infer PDF's for Asset Prices:

an Application to Oil Prices during the Gulf Crisis." International Finance Discussion Papers, Number 541, Federal Reserve Board, February 1996.

Neuhaus, H., "The Information Content of Derivatives for Monetary Policy : Implied Volatilitis and Probabilities." Discussion Paper 3/95, Economic Research Group of the Deutsche Bundesbank, July 1995.

Oda, N., "A Note on the Estimation of Japanese Government Bond Yield Curves." IMES Discussion Paper Series No.96-E-27, Bank of Japan, 1996.

Rubinstein, M., "Implied Binomial Trees." *Journal of Finance*, **49**, July 1994, pp.771-818.

Serita, T., "An Empirical Investigation of Implied Volatility : A Case of the Japanese Stock Index Options." Mimeo, Department of Economics, Konan University, November 1991.

Shimko, D. C., "Beyond Implied Volatility : Probability Distributions and Hedge Ratios Implied by Option Prices." Mimeo, Department of Finance and Business Economics, University of Southern California, November 1991.

Shimko, D. C., "Bounds of Probability." *Risk* **6**, 1993, pp.33-37.

Watanabe, T., "The Time Series Properties of Returns, Volatility, and Trading Volume in Financial Markets." A Dissertation Paper, Graduate School of Yale University, December 1993.

索　引

欧　文

ARCH モデル　154, 163
Box-Muller 法　29, 89
CMS (constant maturity swap)　21
CVaR (conditional VaR)　46
EDF (expected default frequency)　66
EL (expected loss)　63
EVT (extreme value theory)　18, 44
ExVaR (extended value at risk)　62, 64, 77, 79, 80, 87, 95
ExVaR モデル　81, 86
GARCH モデル　154, 163
HV (historical volatility)　153
implied binomial tree method　163
implied trinomial tree method　164
IRR (internal rate of return)　148, 149
IV (implied volatility)　153
LGD (loss given default)　66
LOGIT モデル　74, 129
low discrepancy sequences　89
maximum loss　63
maximum loss method　23
MTM (mark to market) モード・アプローチ　77, 118
potential loss　64
PROBIT モデル　74, 128
RAROC (risk adjusted return on capital)　19, 108
regulatory arbitrage　122
RV (realized volatility)　153
SVM (stochastic volatility model)　163
TOBIT モデル　129
UL (unexpected loss)　64
VaR (value at risk)　5, 9, 11, 14, 25, 53, 58, 77, 79
variance reduction procedure　89
YTM (yield to maturity)　148, 149

ア　行

アベイラビリティ・リスク　3
アベレージ・エクスポージャー　119
アベレージ・ポテンシャル・エクスポージャー　71
アンシステマティック・リスク　57, 66

イールドカーブ　148
因子分析　84
インプライド三項ツリー法　163
インプライド二項ツリー法　162
インプライド・ボラティリティ　40, 41, 43, 142, 153, 156, 168

エクスポージャー・コスト　55, 57

オプション価格理論　75
オプション商品　141, 156, 164
オペレーショナル・リスク　3
オン・オフバランス取引の統合　96

カ　行

回収率　66, 72, 83, 106, 118
確率分布　13

原資産価格の―― 141, 156
ノンパラメトリックな―― 144, 161, 165
確率ボラティリティ・モデル 163
確率密度関数 13
貸倒引当金 65
貸出基準金利 107, 109
カレント・エクスポージャー 71, 119
感応度 9, 15, 18
感応度分析 8
ガンマ・リスク 21, 24, 36
管理会計 107

規制上の裁定行動 122
期待ショートフォール 46
期待値（原資産価格の――） 145
期待PV 64, 80, 87, 93
キャピタル・アロケーション 107
キュミュラント 157, 170
業績評価 19, 108
極値論 18, 44
金利キャップ 34
金利リスク 32

グリーク・レター法 23

原資産価格の確率分布 156

個別値合算法 26, 28, 36
コレスキー行列 29
コレスキー分解 89
コンスタント・マチュリティー・スワップ 21
コンベクシティ 21

サ 行

再構築コスト 71
在庫コスト 49
最大損失額 63
最大損失額法 23
最大ポテンシャル・エクスポージャー 71
最適執行戦略 48, 49, 50, 51, 53, 57
最適保有期間 57

先物・先渡価格 145, 146
先物・先渡・スワップ商品 145
サーチ・コスト 49

資金繰りリスク 3
自己資本 1, 14, 65, 122
自己資本比率規制 121
市場情報 138, 140
市場予測 138
市場流動性リスク 3
システマティック・リスク 56, 67
実現ボラティリティ 153
質的選択モデル 74, 128
シナリオ分析 9, 111
シナリオ分析法 23, 25, 35, 36
資本コスト 107, 111
資本配分 5, 19, 107
シミュレーション法 23, 29, 36, 39
ジャンプ・ディフュージョン・モデル 159, 160
修正デュレーション 9
修正VaR 48, 49, 51, 53, 58
主観的確率 151
主成分分析 32, 89
準乱数 89
条件付きバリュー・アット・リスク 46
信用エクスポージャー 71
信用スコア 73
信用スプレッド 75
信用VaR 62, 63, 64, 66, 68, 70, 72, 76, 77, 78, 79, 116, 117, 120
信用補完 82
信用リスク 2, 62, 63, 65, 79, 100
――とマーケット・リスクの統合的計量 76, 95
――の活用 106
信用リスク計量 70
信頼区間 12, 14, 79, 119

ストレステスト 5, 9, 25, 111
スプライン関数 150, 161, 168
スブラマニアン-ジャロー・モデル 51
スポットレート 148, 149

スマイル・カーブ 159
スワップション 35
スワップレート 149

正規過程 39
正規分布 14
　——の重ね合わせ 159, 160
ゼロ・レート 149
遷移行列
　信用格付—— 117
　信用度間の—— 73
線形判別分析 73
線形リスク 20, 22, 38
潜在損失額 64
センシティビティ 9, 15
尖度 157, 170

総当り法 25, 28, 35
相関 15, 16, 17
　デフォルト確率と市場レートの—— 84
　デフォルト事象の—— 67

タ 行

対数正規過程 39, 168
対数正規分布 142, 143, 156, 157, 170
　——の重ね合わせ 144, 159, 160
第2特性関数 157
多変量正規分布 15
多変量正規乱数 29, 89
担保 82, 104, 112
担保資産回収率 83, 106

デフォルト確率 66, 70, 72, 75, 81, 117
デフォルト確率変動リスク 79
デフォルト事象 67, 76, 117
デフォルト相関 67, 68, 117
デフォルト・モード・アプローチ 76, 118
デリバティブズ 138, 140, 151
デルタ値 9

動学的計画法 50
倒産確率

　——の期間構造 134
　——の分散・共分散行列 133
倒産予測モデル 73, 128, 130
取引コスト 54, 55, 56, 57
取引残高 154
取引量情報 154

ナ 行

内部収益率 148, 149
内部モデル・アプローチ 121

ニューラル・ネットワーク 74

ハ 行

バック・オフィス 5
バック・テスティング 121
パラメトリック法 18
バリュー・アット・リスク 9, 11, 15
パー・レート 149

ヒストリカル・シミュレーション法 11, 29, 30, 35
ヒストリカル・ボラティリティ 153
非線形最小自乗法 170
非線形リスク 15, 20, 22, 35, 38
非対称性（分布の——） 143, 157
ビッド・アスク・スプレッド 48

ファクター・プッシュ法 23
ファクター・モデル 84, 89
ファット・テール 42, 143, 157
フォワードレート 148, 150
プット・コール・プレミアム比率 158
不動産価格の変動過程 114
不動産ローン 112
プリペイメント・リスク 21
フロント・オフィス 4
分散・共分散行列 18
分散・共分散法 12, 18, 22
分散削減法 89
分散・集中

180　　　　　　　索　引

　　取引先企業の―― 100
　　取引先業種の―― 101
　　与信の―― 98

ベガ・リスク　21, 24, 36, 40
ベーシス・ポイント・バリュー（bpv）　9
ベータ値　9
ヘッジング・コスト　55, 56, 57
ベルヌーイ過程　67, 117

ポアソン過程　76, 117
ボックス・カー法　33
ボックス-ミュラー法　29, 89
ポテンシャル・フューチャー・エクスポージャー　71, 119
ポートフォリオ効果　16
保有期間　12, 14, 48, 79
ボラティリティ　13, 14, 17, 33, 153, 170
　　デフォルト確率の―― 100
ボラティリティ・スプレッド　158

マ 行

マーケット・インパクト　3, 48, 49, 52, 55
マーケット・リスク　2, 8, 11, 47, 100
マルチンゲール　152

ミドル・オフィス　5

無担保資産回収率　83
ムービング・ウィンドウ法　33

モデルの検証　121
モデル・パラメータの推定　120
モーメント　157
モンテカルロ・シミュレーション法　29, 35

ヤ 行

与信エクスポージャー　66, 70, 71, 118
与信集中リスク　66, 78, 102
与信の分散・集中　98
予想外損失額　64, 65
予想損失額　63, 65, 70, 72
予想損失変動リスク　66, 79, 102

ラ 行

リーガル・リスク　3
リスク　1, 2
　　――の市場価値　152
リスク管理　4
リスク計測区間　22, 25
リスク計量　107
リスク限度枠　19, 108
リスク中立　140, 151, 152
リスク中立確率　80, 151
リスク評価期間　77, 79, 85, 97, 120, 121
リスクファクター　8, 11, 14
リスクプレミアム　109
リスク・モニタリング　19, 107
リスク・リバーサル取引　158
流動化コスト　54, 57
流動性　47, 97
流動性リスク　3, 47, 49, 51

レギュラトリー・アービトラージ　122
劣加法性　46
レピュテーション・リスク　3

ローレンス-ロビンソン・モデル　54

ワ 行

歪度　157, 170

著者略歴

小田信之（おだ のぶゆき）

1964年　名古屋市に生まれる
1987年　東京大学理学部物理学科卒業
1989年　東京大学大学院理学系研究科修士課程修了
同　年　日本銀行入行
　　　　考査局，調査統計局等を経て，
現　在　日本銀行金融研究所 兼 金融市場局 調査役
　　　　カリフォルニア大学バークレー校経営学修士（MBA）
　　　　米国 Chartered Financial Analyst（CFA）

〔主論文〕

"Estimating Fair Premium Rates for Deposit Insurance Using Option Pricing Theory: An Empirical Study of Japanese Banks." Bank of Japan, *Monetary and Economic Studies*, **17** (1), 1999.

"A New Framework for Measuring the Credit Risk of a Portfolio: The "ExVaR" Model." with Jun Muranaga, *Monetary and Economic Studies*, **15** (2), 1997.

"Prospects for Prudential Policy: Toward Achieving an Efficient and Stable Banking System." with Tokiko Shimizu, *Monetary and Economic Studies*, **18** (1), 2000.

"Further Monetary Easing Policies under the Non-negativity Constraints of Nominal Interest Rates: Summary of the Discussion Based on Japan's Experience." with Kunio Okita, *Monetary and Economic Studies*, **19** (S-1), 2001.

ファイナンス・ライブラリー 2
金融リスクの計量分析　　　　　定価はカバーに表示

2001年 3 月 20 日　　初版第 1 刷
2009年 5 月 25 日　　第 3 刷

著　者　小　田　信　之
発行者　朝　倉　邦　造
発行所　株式会社　朝　倉　書　店

　　　　東京都新宿区新小川町 6-29
　　　　郵便番号　162-8707
　　　　電　話　03(3260)0141
　　　　Ｆ Ａ Ｘ　03(3260)0180
　　　　http://www.asakura.co.jp

〈検印省略〉

© 2001 〈無断複写・転載を禁ず〉　　シナノ・渡辺製本

ISBN 978-4-254-29532-0　C3350　　Printed in Japan

最新刊の事典・辞典・ハンドブック

元素大百科事典	渡辺 正 監訳 B5判 712頁
火山の事典（第2版）	下鶴大輔ほか3氏 編 B5判 584頁
津波の事典	首藤伸夫ほか4氏 編 A5判 368頁
酵素ハンドブック（第3版）	八木達彦ほか5氏 編 B5判 1008頁
タンパク質の事典	猪飼 篤ほか5氏 編 B5判 1000頁
時間生物学事典	石田直理雄ほか1氏 編 A5判 340頁
微生物の事典	渡邉 信ほか5氏 編 B5判 700頁
環境化学の事典	指宿堯嗣ほか2氏 編 A5判 468頁
環境と健康の事典	牧野国義ほか4氏 著 A5判 576頁
ガラスの百科事典	作花済夫ほか7氏 編 A5判 696頁
実験力学ハンドブック	日本実験力学会 編 B5判 660頁
材料の振動減衰能データブック	日本学術振興会第133委員会 編 B5判 320頁
高分子分析ハンドブック	日本分析化学会高分子分析研究懇談会 編 B5判 1264頁
地盤環境工学ハンドブック	嘉門雅史ほか2氏 編 B5判 584頁
サプライ・チェイン最適化ハンドブック	久保幹雄 著 A5判 520頁
口と歯の事典	高戸 毅ほか7氏 編 B5判 436頁
皮膚の事典	溝口昌子ほか6氏 編 B5判 388頁
からだの年齢事典	鈴木隆雄ほか1氏 編 B5判 528頁
看護・介護・福祉の百科事典	糸川嘉則 総編集 A5判 676頁
食品技術総合事典	食品総合研究所 編 B5判 612頁
日本の伝統食品事典	日本伝統食品研究会 編 A5判 648頁
森林・林業実務必携	東京農工大学農学部編集委員会 編 B6判 464頁

価格・概要等は小社ホームページをご覧ください．